最高人民检察院
第十八批指导性案例
适用指引

—— ·电信网络犯罪· ——

最高人民检察院第一检察厅　编著

中国检察出版社

《最高人民检察院第十八批指导性案例适用指引》编委会

主　　任：陈国庆

副 主 任：苗生明

编　　委：（按姓氏笔画排列）

　　　　　刘　辰　劳　娃　张庆彬　张建忠
　　　　　张晓津　陈雪芬　周常志　周惠永
　　　　　周　颖　罗庆东　罗　强　曹红虹

主　　编：苗生明

副 主 编：罗庆东　张晓津

编写人员：（按姓氏笔画排列）

　　　　　任留存　孙寒梅　余　岚　张庆彬
　　　　　张　磊　李　剑　陈希君　姜立强
　　　　　施　晟　祖延光　胡万港　梅哲宾
　　　　　谢　莉　韩若秦　蔡明洋

目 录
CONTENTS

第一部分　最高人民检察院第十八批指导性案例

1. 张凯闵等52人电信网络诈骗案
   （检例第67号）　　　　　　　　　　　　　　　／3
2. 叶源星、张剑秋提供侵入计算机信息系统程序、
   谭房妹非法获取计算机信息系统数据案
   （检例第68号）　　　　　　　　　　　　　　／53
3. 姚晓杰等11人破坏计算机信息系统案
   （检例第69号）　　　　　　　　　　　　　　／75

第二部分　最高人民检察院第十八批指导性案例解读

1. 《最高人民检察院第十八批指导性案例》解读
   　　　　　　　　　　　　　张晓津　余　岚／97
2. 严厉打击网络犯罪，共同防控网络风险
   ——《最高人民检察院第十八批指导性案例》
   理解与适用　　　　　　　　　　　　　　／106

第三部分 电信网络犯罪典型案例

1. 陈某某非法侵入计算机信息系统侵犯公民个人信息案
 / 127
2. 陆某等 8 人诈骗案 / 136
3. 李某、杨某某提供侵入计算机信息系统程序、
 工具案 / 143
4. 蔚某某提供侵入、非法控制计算机信息系统
 程序、工具案 / 148
5. 杜某某非法经营案 / 153

附 录

附录一 最高人民检察院第九批指导性案例 / 161
附录二 最高人民检察院关于印发《检察机关
 办理电信网络诈骗案件指引》的通知 / 185
附录三 最高人民检察院关于印发《检察机关
 办理侵犯公民个人信息案件指引》的通知 / 202

第一部分

最高人民检察院第十八批指导性案例

张凯闵等 52 人电信网络诈骗案

(检例第 67 号)

关键词

跨境电信网络诈骗　境外证据审查　电子数据　引导取证

要旨

跨境电信网络诈骗犯罪往往涉及大量的境外证据和庞杂的电子数据。对境外获取的证据应着重审查合法性，对电子数据应着重审查客观性。主要成员固定，其他人员有一定流动性的电信网络诈骗犯罪组织，可认定为犯罪集团。

基本案情

被告人张凯闵，男，1981 年 11 月 21 日出生，中国台湾地区居民，无业。

林金德等其他被告人、被不起诉人基本情况略。

2015 年 6 月至 2016 年 4 月间，被告人张凯闵等 52 人先后在印度尼西亚共和国和肯尼亚共和国参加对中国大陆居民进行电信网络诈骗的犯罪集团。在实施电信网络诈骗过程中，各被告人分工合作,其中部分被告人负责利用电信网络技术手段对大陆居民的手机和座机电话进行语音群呼,群呼的主要内容为"有快递未签收,经查询还有护照签证即将过期,将被限制出境管制,身份信息可能遭泄露"等。当被害人按照语音内容操作后,电话会自动接通冒充快递公司客服人员的一线话务员。一线话务员以帮助被害人报案为由,在被害人不挂断电话时,将电话转接至冒充公安局办案人员的二线话务员。二线话务员向被害人谎称"因泄露的个人信息被用于犯罪活动,需对被害人资金流向进行调查",欺骗被害人转账、汇款至指定账户。如果被害人对二线话务员的说法仍有怀疑,二线话务员会将电话转给冒充检察官的三线话务员继续实施诈骗。

至案发,张凯闵等被告人通过上述诈骗手段骗取75名被害人钱款共计人民币2300余万元。

指控与证明犯罪

(一)介入侦查引导取证

由于本案被害人均是中国大陆居民,根据属地管辖优先原则,2016年4月,肯尼亚将76名电信网络诈骗犯罪嫌疑人(其中大陆居民32人,台湾地区居民44人)遣返中国大陆。经初步审查,张凯闵等41人与其他被遣返的人分属互不关联的诈骗团伙,公安机关依法分案处理。2016年5月,北京市人民检察院第二分院经指定管辖本案,并应公安机关邀请,介入侦查引导取证。

鉴于肯尼亚在遣返犯罪嫌疑人前已将起获的涉案笔记本电脑、语音网关(指能将语音通信集成到数据网络中实现通信功能的设备）、手机等物证移交我国公安机关，为确保证据的客观性、关联性和合法性，检察机关就案件证据需要达到的证明标准以及涉外电子数据的提取等问题与公安机关沟通，提出提取、恢复涉案的 Skype 聊天记录、Excel 和 Word 文档、网络电话拨打记录清单等电子数据，并对电子数据进行无污损鉴定的意见。在审查电子数据的过程中，检察人员与侦查人员在恢复的 Excel 文档中找到多份"返乡订票记录单"以及早期大量的 Skype 聊天记录。依据此线索，查实部分犯罪嫌疑人在去肯尼亚之前曾在印度尼西亚两度针对中国大陆居民进行诈骗，诈骗数额累计达 2000 余万元人民币。随后，11 名曾在印度尼西亚参与张凯闵团伙实施电信诈骗，未赴肯尼亚继续诈骗的犯罪嫌疑人陆续被缉捕到案。至此，张凯闵案 52 名犯罪嫌疑人全部到案。

（二）审查起诉

审查起诉期间，在案犯罪嫌疑人均表示认罪，但对其在犯罪集团中的作用和参与犯罪数额各自作出辩解。

经审查，北京市人民检察院第二分院认为现有证据足以证实张凯闵等人利用电信网络实施诈骗，但案件证据还存在以下问题：一是电子数据无污损鉴定意见的鉴定起始基准时间晚于犯罪嫌疑人归案的时间近 11 个小时，不能确定在此期间电子数据是否被增加、删除、修改。二是被害人与诈骗犯罪组织间的关联性证据调取不完整，无法证实部分被害人系本案犯罪组织所骗。三是台湾地区警方提供的台湾地区犯罪嫌疑人出入境记录不完整，北京市公安局出入境管理总队出具的出入境记录与犯罪嫌疑人的供述等其他证据不尽一致，现有证据不能证实各犯罪嫌疑人参加诈骗犯罪组织的具体时间。

针对上述问题，北京市人民检察院第二分院于 2016 年 12 月

17日、2017年3月7日两次将案件退回公安机关补充侦查,并提出以下补充侦查意见:一是通过中国驻肯尼亚大使馆确认抓获犯罪嫌疑人和外方起获物证的具体时间,将此时间作为电子数据无污损鉴定的起始基准时间,对电子数据重新进行无污损鉴定,以确保电子数据的客观性。二是补充调取犯罪嫌疑人使用网络电话与被害人通话的记录、被害人向犯罪嫌疑人指定银行账户转账汇款的记录、犯罪嫌疑人的收款账户交易明细等证据,以准确认定本案被害人。三是调取各犯罪嫌疑人护照,由北京市公安局出入境管理总队结合护照,出具完整的出入境记录,补充讯问负责管理护照的犯罪嫌疑人,核实部分犯罪嫌疑人是否中途离开过诈骗窝点,以准确认定各犯罪嫌疑人参加犯罪组织的具体时间。补充侦查期间,检察机关就补侦事项及时与公安机关加强当面沟通,落实补证要求。与此同时,检察人员会同侦查人员共赴国家信息中心电子数据司法鉴定中心,就电子数据提取和无污损鉴定等问题向行业专家咨询,解决了无污损鉴定的具体要求以及提取、固定电子数据的范围、程序等问题。检察机关还对公安机关以《司法鉴定书》记录电子数据勘验过程的做法提出意见,要求将《司法鉴定书》转化为勘验笔录。通过上述工作,全案证据得到进一步完善,最终形成补充侦查卷21册,为案件的审查和提起公诉奠定了坚实基础。

检察机关经审查认为,根据肯尼亚警方出具的《调查报告》、我国驻肯尼亚大使馆出具的《情况说明》以及公安机关出具的扣押决定书、扣押清单等,能够确定境外获取的证据来源合法,移交过程真实、连贯、合法。国家信息中心电子数据司法鉴定中心重新作出的无污损鉴定,鉴定的起始基准时间与肯尼亚警方抓获犯罪嫌疑人并起获涉案设备的时间一致,能够证实电子数据的真实性。涉案笔记本电脑和手机中提取的 Skype 账户登录信息等电子数据与犯罪嫌疑人的供述相互印证，能够确定犯罪嫌疑人的网络身份和现实身份具有一致性。75 名被害人与诈骗犯罪组织间的关联性证据已补充到位，具体表现为：网络电话、Skype 聊天记录等与被害人陈述的诈骗电话号码、银行账号等证据相互印证；电子数据中的聊天时间、通话时间与银行交易记录中的转账时间相互印证；被害人陈述的被骗经过与被告人供述的诈骗方式相互印证。本案的 75 名被害人被骗的证据均满足上述印证关系。

（三）出庭指控犯罪

2017 年 4 月 1 日，北京市人民检察院第二分院根据犯罪情节，对该诈骗犯罪集团中的 52 名犯罪嫌疑人作出不同处理决定。对张凯闵等 50 人以诈骗罪分两案向北京市第二中级人民法院提起公诉，对另 2 名情节较轻的犯罪嫌疑人作出不起诉决定。7 月 18 日、7 月 19 日，北京市第二中级人民法院公开开庭审理了本案。

庭审中，50 名被告人对指控的罪名均未提出异议，部分被告人及其辩护人主要提出以下辩解及辩护意见：一是认定犯罪集团缺乏法律依据，应以被告人实际参与诈骗成功的数额认定其犯罪数额。二是被告人系犯罪组织雇佣的话务员，在本案中起次要和辅助作用，应认定为从犯。三是检察机关指控的犯罪金额证据不足，没有形成完整的证据链条，不能证明被害人是被告人所骗。

针对上述辩护意见，公诉人答辩如下：

一是该犯罪组织以共同实施电信网络诈骗犯罪为目的而组建，首要分子虽然没有到案，但在案证据充分证明该犯罪组织在首要分子的领导指挥下，有固定人员负责窝点的组建管理、人员的召集培训，分工担任一线、二线、三线话务员，该诈骗犯罪组织符合刑法关于犯罪集团的规定，应当认定为犯罪集团。

二是在案证据能够证实二线、三线话务员不仅实施了冒充警察、检察官接听拨打电话的行为，还在犯罪集团中承担了组织管理工作，在共同犯罪中起主要作用，应认定为主犯。对从事一线接听拨打诈骗电话的被告人，已作区别对待。该犯罪集团在印度尼西亚和肯尼亚先后设立3个窝点，参加过2个以上窝点犯罪的一线人员属于积极参加犯罪，在犯罪中起主要作用，应认定为主犯；仅参加其中一个窝点犯罪的一线人员，参与时间相对较短，实际获利较少，可认定为从犯。

三是本案认定诈骗犯罪集团与被害人之间关联性的证据主要有：犯罪集团使用网络电话与被害人电话联系的通话记录；犯罪集团的Skype聊天记录中提到了被害人姓名、公民身份号码等个人信息；被害人向被告人指定银行账户转账汇款的记录。起诉书认定的75名被害人至少包含上述一种关联方式，实施诈骗与被骗的证据能够形成印证关系，足以认定75名被害人被本案诈骗犯罪组织所骗。

（四）处理结果

2017年12月21日，北京市第二中级人民法院作出一审判决，认定被告人张凯闵等50人以非法占有为目的，参加诈骗犯罪集团，利用电信网络技术手段，分工合作，冒充国家机关工作人员或其他单位工作人员，诈骗被害人钱财，各被告人的行为均已构成诈骗罪，其中28人系主犯，22人系从犯。法院根据犯罪事实、情节并结合各被告人的认罪态度、悔罪表现，对张凯闵等50人判处十五年至一年九个月不等有期徒刑，并处剥夺政治权利及罚金。张凯闵等部分被告人以量刑过重为由提出上诉。2018年3月，北京市高级人民法院二审裁定驳回上诉，维持原判。

指导意义

（一）对境外实施犯罪的证据应着重审查合法性

对在境外获取的实施犯罪的证据，一是要审查是否符合我国刑事诉讼法的相关规定，对能够证明案件事实且符合刑事诉讼法规定的，可以作为证据使用。二是对基于有关条约、司法互助协定、两岸司法互助协议或通过国际组织委托调取的证据，应注意审查相关办理程序、手续是否完备，取证程序和条件是否符合有关法律文件的规定。对不具有规定规范的，一般应当要求提供所在国公证机关证明，由所在国中央外交主管机关或其授权机关认证，并经我国驻该国使、领馆认证。三是对委托取得的境外证据，移交过程中应注意审查过程是否连续、手续是否齐全、交接物品是否完整、双方的交接清单记载的物品信息是否一致、交接清单与交接物品是否一一对应。四是对当事人及其辩护人、诉讼代理人提供的来自境外的证据材料，要审查其是否按照条约等相关规定办理了公证和认证，并经我国驻该国使、领馆认证。

（二）对电子数据应重点审查客观性

一要审查电子数据存储介质的真实性。通过审查存储介质的扣押、移交等法律手续及清单，核实电子数据存储介质在收集、保管、鉴定、检查等环节中是否保持原始性和同一性。二要审查电子数据本身是否客观、真实、完整。通过审查电子数据的来源和收集过程，核实电子数据是否从原始存储介质中提取，收集的程序和方法是否符合法律和相关技术规范。对从境外起获的存储介质中提取、恢复的电子数据应当进行无污损鉴定，将起获设备的时间作为鉴定的起始基准时间，以保证电子数据的客观、真实、完整。三要审查电子数据内容的真实性。通过审查在案言词证据能否与电子数据相互印证，不同的电子数据间能否相互印证等，核实电子数据包含的案件信息能否与在案的其他证据相互印证。

（三）紧紧围绕电话卡和银行卡审查认定案件事实

办理电信网络诈骗犯罪案件，认定被害人数量及诈骗资金数额的相关证据，应当紧紧围绕电话卡和银行卡等证据的关联性来认定犯罪事实。一是通过电话卡建立被害人与诈骗犯罪组织间的关联。通过审查诈骗犯罪组织使用的网络电话拨打记录清单、被害人接到诈骗电话号码的陈述以及被害人提供的通话记录详单等通讯类证据，认定被害人与诈骗犯罪组织间的关联性。二是通过银行卡建立被害人与诈骗犯罪组织间的关联。通过审查被害人提供的银行账户交易明细、银行客户通知书、诈骗犯罪集团指定银行账户信息等书证以及诈骗犯罪组织使用的互联网软件聊天记录，核实聊天记录中是否出现被害人的转账账户，以确定被害人与诈骗犯罪组织间的关联性。三是将电话卡和银行卡结合起来认定被害人及诈骗数额。审查被害人接到诈骗电话的时间、向诈骗犯罪组织指定账户转款的时间，诈骗犯罪组织手机或电脑中储存的聊天记录中出现的被害人的账户信息和转账时间是否印证。相互关联印证的，可以认定为案件被害人，被害人实际转账的金额可以认定为诈骗数额。

（四）有明显首要分子，主要成员固定，其他人员有一定流动性的电信网络诈骗犯罪组织，可以认定为诈骗犯罪集团

实施电信网络诈骗犯罪，大都涉案人员众多、组织严密、层级分明、各环节分工明确。对符合刑法关于犯罪集团规定，有明确首要分子，主要成员固定，其他人员虽有一定流动性的电信网络诈骗犯罪组织，依法可以认定为诈骗犯罪集团。对出资筹建诈骗窝点、掌控诈骗所得资金、制定犯罪计划等起组织、指挥管理作用的，依法可以认定为诈骗犯罪集团首要分子，按照集团所犯的全部罪行处罚。对负责协助首要分子组建窝点、招募培训人员等起积极作用的，或加入时间较长，通过接听拨打电话对受害人进行诱骗，次数较多、诈骗金额较大的，依法可以认定为主犯，按照其参与或组织、指挥的全部犯罪处罚。对诈骗次数较少、诈骗金额较小，在共同犯罪中起次要或者辅助作用的，依法可以认定为从犯，依法从轻、减轻或免除处罚。

相关规定

《中华人民共和国刑法》第六条、第二十六条、第二百六十六条

《中华人民共和国刑事诉讼法》第十八条、第二十五条

《中华人民共和国国际刑事司法协助法》第九条、第十条、第二十五条、第二十六条、第三十九条、第四十条、第四十一条、第六十八条

《最高人民法院、最高人民检察院关于办理诈骗刑事案件具体应用法律若干问题的解释》第一条、第二条

《最高人民法院、最高人民检察院、公安部关于办理电信网络诈骗等刑事案件适用法律若干问题的意见》

《最高人民法院、最高人民检察院、公安部关于办理刑事案件收集提取和审查判断电子数据若干问题的规定》

《检察机关办理电信网络诈骗案件指引》

《最高人民法院关于适用〈中华人民共和国刑事诉讼法〉的解释》第四百零五条

附：相关法律文书

北京市高级人民法院
刑事裁定书

（2018）京刑终25号

原公诉机关北京市人民检察院第二分院。

上诉人（原审被告人）张凯闵（化名校长、阿清），男，36岁（1981年11月21日出生），台湾居民，自报小学文化，无业，住台湾宜兰县头城镇×路×号×楼；因涉嫌犯诈骗罪于2016年4月12日被羁押，同年5月17日被逮捕；现羁押在北京市第一看守所。

指定辩护人杨某泉，北京市某律师事务所律师。

上诉人（原审被告人）林金德（化名叔叔），男，47岁（1970年11月27日出生），台湾居民，自报高中文化，无业，住台湾台中市×路×段×号；因涉嫌犯诈骗罪于2016年4月12日被羁押，同年5月17日被逮捕；现羁押在北京市第一看守所。

指定辩护人邱某，北京市某律师事务所律师。

指定辩护人许某峰，北京市某律师事务所律师。

上诉人（原审被告人）韩刚（化名阿狼），男，32岁（1985年5月8日出生），汉族，出生地黑龙江省七台河市，小学文化，无业，住黑龙江省七台河市茄子河区铁山乡×村×组×号；因涉嫌犯诈骗罪于2016年4月12日被羁押，同年5月17

日被逮捕；现羁押在北京市第一看守所。

上诉人（原审被告人）刘家铭（化名阿铭），男，23岁（1994年9月6日出生），台湾居民，自报高中文化，无业，住台湾南投县国姓乡南港村×路×号；因涉嫌犯诈骗罪于2016年4月12日被羁押，同年5月17日被逮捕；现羁押在北京市第一看守所。

指定辩护人黄某会，北京市某律师事务所律师。

上诉人（原审被告人）石志弘（化名阿比、阿弘），男，37岁（1980年12月7日出生），台湾居民，自报高职文化，无业，住台湾南投县埔里镇×街×巷×号；因涉嫌犯诈骗罪于2016年4月12日被羁押，同年5月17日被逮捕；现羁押在北京市第一看守所。

指定辩护人孙某洋，北京市某律师事务所律师。

指定辩护人陈某，北京市某律师事务所律师。

上诉人（原审被告人）刘念筑，男，26岁（1992年2月15日出生），台湾居民，自报高中文化，无业，住台湾南投县国姓乡长流村×路×号；因涉嫌犯诈骗罪于2016年4月12日被羁押，同年5月17日被逮捕；现羁押在北京市第一看守所。

指定辩护人李某峰，北京市某律师事务所律师。

上诉人（原审被告人）陈永祯（化名小陈），男，33岁（1984年8月29日出生），台湾居民，自报高中文化，无业，住台湾台中市太平区×路×号；因涉嫌犯诈骗罪于2016年4月12日被羁押，同年5月17日被逮捕；现羁押在北京市第一看守所。

指定辩护人董某富，北京市某律师事务所律师。

上诉人（原审被告人）王玮琨（化名阿琨），男，34岁（1983年10月10日出生），台湾居民，自报大学文化，无业，住台湾南投县埔里镇×街×巷×号；因涉嫌犯诈骗罪于2016年4月12日被羁押，同年5月17日被逮捕；现羁押在北京市第一看守所。

指定辩护人王某，北京某律师事务所律师。

上诉人（原审被告人）潘明威（化名豆花），男，35岁（1982年12月16日出生），台湾居民，自报初中文化，无业，住台湾南投县埔里镇×路×号；因涉嫌犯诈骗罪于2016年4月12日被羁押，同年5月17日被逮捕；现羁押在北京市第一看守所。

指定辩护人李某洁，北京市某律师事务所律师。

上诉人（原审被告人）林俊鸿（化名阿鸿），男，20岁（1997年5月5日出生），台湾居民，自报初中文化，无业，住台湾南投县埔里镇×路×巷×号；因涉嫌犯诈骗罪于2016年4月12日被羁押，同年5月17日被逮捕；现羁押在北京市第一看守所。

指定辩护人幸某仁，北京市某律师事务所律师。

上诉人（原审被告人）王立冬（化名阿冬），男，24岁（1994年1月2出生），汉族，出生地黑龙江省海伦市，初中文化，无业，住黑龙江省海伦市祥富镇×村×组；因涉嫌犯诈骗罪于2016年4月12日被羁押，同年5月17日被逮捕；现羁押在北京市第一看守所。

指定辩护人王某军，北京市某律师事务所律师。

上诉人（原审被告人）林淑珍（化名梅子），女，25岁（1992年10月23日出生），台湾居民，自报高中文化，无业，住台湾南投县国姓乡南港村×路×号；因涉嫌犯诈骗罪于2016年4月12日被羁押，同年5月17日被逮捕；现羁押在北京市第一看守所。

指定辩护人白某利，北京某律师事务所律师。

上诉人（原审被告人）洪东雍（化名阿雍、蚂蚁），男，39岁（1979年1月4日出生），台湾居民，自报初中文化，无业，住台湾高雄市前镇区×路×号；因涉嫌犯诈骗罪于2016年4月12日被羁押，同年5月17日被逮捕；现羁押在北京市第一看守所。

指定辩护人王某亮，北京某律师事务所律师。

上诉人（原审被告人）李秉蔚（化名阿水），男，26岁（1991年7月29日出生），台湾居民，自报高中文化，无业，住台湾南投县埔里镇×巷×号；因涉嫌诈骗罪于2016年4月12日被羁押，同年5月17日被逮捕；现羁押在北京市第一看守所。

指定辩护人刘某，北京市某律师事务所律师。

上诉人（原审被告人）杨红波（化名小波），男，30岁（1987年8月24日出生），汉族，出生地黑龙江省海伦市，初中文化，无业，住黑龙江省海伦市永和乡×村×组；因涉嫌犯诈骗罪于2016年4月12日被羁押，同年5月17日被逮捕；现羁押在北京市第一看守所。

指定辩护人王某伟，北京市某律师事务所律师。

上诉人（原审被告人）张立峰（化名大林、林子），男，33岁（1984年5月20日出生），汉族，出生地黑龙江省宾县，小学文化，无业，住黑龙江省宾县胜利镇×村×屯；因涉嫌犯诈骗罪于2016年7月2日被羁押，同年8月5日被逮捕；现羁押在北京市第一看守所。

指定辩护人刘某来，北京市某律师事务所律师。

上诉人（原审被告人）赵婉婷（化名海棠、棠棠），女，34

岁（1983 年 12 月 16 日出生），台湾居民，自报高中肄业，无业，住台湾新北市三重区力行路二段×号；因涉嫌犯诈骗罪于 2016 年 4 月 12 日被羁押，同年 5 月 17 日被逮捕；现羁押在北京市第一看守所。

指定辩护人高某林，北京市某律师事务所律师。

上诉人（原审被告人）靳雪峰（化名阿峰），男，30 岁（1988 年 1 月 20 日出生），汉族，出生地黑龙江省勃利县，小学文化，无业，住黑龙江省勃利县抢垦乡×村；因涉嫌犯诈骗罪于 2016 年 4 月 12 日被羁押，同年 5 月 17 日被逮捕；现羁押在北京市第一看守所。

指定辩护人曹某华，北京市某律师事务所律师。

上诉人（原审被告人）吴菊灵（化名小琳），女，32 岁（1985 年 4 月 9 日出生），汉族，出生地江西省上饶市，初中文化，无业，住广西壮族自治区灵川县三街镇三街村委×队×号；因涉嫌犯诈骗罪于 2016 年 10 月 21 日被羁押，同年 11 月 23 日被逮捕；现羁押在北京市第一看守所。

指定辩护人郑某英，北京市某律师事务所律师。

上诉人（原审被告人）蒋国婷（化名小婷），女，26 岁（1992 年 2 月 29 日出生），汉族，出生地广西壮族自治区灵川县，初中文化，无业，住广西壮族自治区灵川县灵川镇双潭村委×村×号；因涉嫌犯诈骗罪于 2016 年 7 月 5 日被羁押，同年 7 月 29 日被逮捕；现羁押在北京市第一看守所。

辩护人李某杰，北京某律师事务所律师。

上诉人（原审被告人）李新（化名阿新），男，27 岁（1991 年 3 月 20 日出生），汉族，出生地辽宁省，初中文化，无业，住黑龙江省七台河市茄子河区富强街道铁东特委×组；2009 年 12

月30日因犯强奸罪被判处有期徒刑三年，缓刑三年；因涉嫌犯诈骗罪于2016年4月12日被羁押，同年5月17日被逮捕；现羁押在北京市第一看守所。

指定辩护人许某凯，北京市某律师事务所律师。

指定辩护人王某，北京市某律师事务所律师。

上诉人（原审被告人）庄殿雨（化名阿轩），男，28岁（1989年9月22日出生），汉族，出生地黑龙江省勃利县，初中文化，无业，住黑龙江省勃利县倭肯镇×村×屯×组×号；因涉嫌犯诈骗罪于2016年4月12日被羁押，同年5月17日被逮捕；现羁押在北京市第一看守所。

指定辩护人孔某钧，北京某律师事务所律师。

上诉人（原审被告人）孙宝权（化名阿全），男，23岁（1994年6月28日出生），汉族，出生地黑龙江省七台河市，初中文化，无业，住黑龙江省七台河市茄子河区铁山乡×村×组；因涉嫌犯诈骗罪于2016年4月12日被羁押，同年5月17日被逮捕；现羁押在北京市第一看守所。

指定辩护人温某志，北京市某律师事务所律师。

上诉人（原审被告人）赵晓峰（化名阿楠），男，25岁（1992年7月1日出生），汉族，出生地黑龙江省五大连池市，初中文化，无业，住黑龙江省五大连池市勤俭街第十居民委×组×号；因涉嫌犯诈骗罪于2016年4月12日被羁押，同年5月17日被逮捕；现羁押在北京市第一看守所。

指定辩护人罗某，北京市某律师事务所律师。

上诉人（原审被告人）张立斌（化名小斌、阿斌），男，23岁（1994年12月21日出生），汉族，出生地黑龙江省七台河市，初中文化，无业，住黑龙江省七台河市茄子河区富强街道铁东特委×组;因涉嫌犯诈骗罪于2016年4月12日被羁押,同年5月17日被逮捕;现羁押在北京市第一看守所。

指定辩护人曹某,北京某律师事务所律师。

上诉人(原审被告人)苗清(化名多多),女,29岁(1988年6月3日出生),汉族,出生地吉林省蛟河市,初中文化,无业,住吉林省蛟河市长安街道铁东街×号;因涉嫌犯诈骗罪于2016年6月24日被羁押,同年7月29日被逮捕;现羁押在北京市第一看守所。

指定辩护人张某锋,北京某律师事务所律师。

上诉人(原审被告人)马春阳(化名马阳),男,23岁(1994年3月26日出生),汉族,出生地黑龙江省七台河市,初中文化,无业,住黑龙江省七台河市茄子河区铁山乡×村×组×号;因涉嫌犯诈骗罪于2016年7月2日被羁押,同年8月5日被逮捕;现羁押在北京市第一看守所。

指定辩护人许某祥,北京某律师事务所律师。

上诉人(原审被告人)阳凤,女,22岁(1995年7月23日出生),汉族,出生地广西壮族自治区灵川县,初中文化,无业,住广西壮族自治区灵川县三街镇三街村委×队×号;因涉嫌犯诈骗罪于2016年7月5日被羁押,同年7月30日被逮捕;现羁押在北京市第一看守所。

指定辩护人陈某楠,北京市某律师事务所律师。

上诉人(原审被告人)刘若男(化名小悠),女,23岁(1994年7月20日出生),汉族,出生地黑龙江省七台河市,初中文化,无业,住黑龙江省七台河市新兴区东风街道二委×组×号;因涉嫌犯诈骗罪于2016年6月1日被羁押,同年7月8日被逮捕;现羁押在北京市第一看守所。

指定辩护人范某虎，北京市某律师事务所律师。

上诉人（原审被告人）刘金昌（化名阿昌），男，27岁（1990年3月23日出生），汉族，出生地黑龙江省勃利县，初中文化，无业，住黑龙江省勃利县永恒乡×村×组×号；因涉嫌犯诈骗罪于2016年7月2日被羁押，同年7月29日被逮捕；现羁押在北京市第一看守所。

指定辩护人陈某，北京市某律师事务所律师。

上诉人（原审被告人）姜志祥（化名姜胖），男，24岁（1993年7月28日出生），汉族，出生地黑龙江省七台河市，初中文化，无业，住黑龙江省七台河市茄子河区铁山乡×村×组×号；因涉嫌犯诈骗罪于2016年6月1日被羁押，同年7月8日被逮捕；现羁押在北京市第一看守所。

指定辩护人梁某静，北京市某律师事务所律师。

原审被告人张雨（化名小雨），男，26岁（1991年3月28日出生），汉族，出生地黑龙江省勃利县，初中文化，无业，住黑龙江省勃利县永恒乡×村×组；因涉嫌犯诈骗罪于2016年6月6日被羁押，同年7月9日被逮捕；现羁押在北京市第一看守所。

指定辩护人肖某，北京市某律师事务所律师。

指定辩护人王某艳，北京市某律师事务所律师。

原审被告人陶艳娇（化名小然），女，27岁（1990年10月21日出生），汉族，出生地黑龙江省七台河市，初中文化，无业，住黑龙江省七台河市桃山区桃南街道五委×组；因涉嫌犯诈骗罪于2016年6月6日被羁押，同年7月9日被逮捕；现羁押在北京市第一看守所。

指定辩护人莫某月，北京市某律师事务所律师。

北京市第二中级人民法院审理北京市人民检察院第二分院指

控原审被告人张凯闵、林金德等33人犯诈骗罪一案,于二〇一七年十二月二十一日作出(2017)京02刑初55号刑事判决:一、被告人张凯闵犯诈骗罪,判处有期徒刑十五年,并处罚金人民币一万五千元,剥夺政治权利三年。二、被告人林金德犯诈骗罪,判处有期徒刑十五年,并处罚金人民币一万五千元,剥夺政治权利三年。三、被告人韩刚犯诈骗罪,判处有期徒刑十四年,并处罚金人民币一万四千元,剥夺政治权利三年。四、被告人刘家铭犯诈骗罪,判处有期徒刑十三年,并处罚金人民币一万三千元,剥夺政治权利二年。五、被告人石志弘犯诈骗罪,判处有期徒刑十三年,并处罚金人民币一万三千元,剥夺政治权利二年。六、被告人刘念筑犯诈骗罪,判处有期徒刑十三年,并处罚金人民币一万三千元,剥夺政治权利二年。七、被告人陈永祯犯诈骗罪,判处有期徒刑十三年,并处罚金人民币一万三千元,剥夺政治权利二年。八、被告人王玮琨犯诈骗罪,判处有期徒刑十三年,并处罚金人民币一万三千元,剥夺政治权利二年。九、被告人潘明威犯诈骗罪,判处有期徒刑十二年六个月,并处罚金人民币一万三千元,剥夺政治权利二年。十、被告人林俊鸿犯诈骗罪,判处有期徒刑十二年六个月,并处罚金人民币一万三千元,剥夺政治权利二年。十一、被告人王立冬犯诈骗罪,判处有期徒刑十二年六个月,并处罚金人民币一万三千元,剥夺政治权利二年。十二、被告人林淑珍犯诈骗罪,判处有期徒刑十二年,并处罚金人民币一万二千元,剥夺政治权利二年。十三、被告人洪东雍犯诈骗罪,判处有期徒刑十二年,并处罚金人民币一万二千元,剥夺政治权利二年。十四、被告人李秉蔚犯诈骗罪,判处有期徒刑十二年,并处罚金人民币一万二千元,剥夺政治权利二年。十五、被告人杨红波犯诈骗罪,判处有期徒刑十一年,并处罚金人民币一万一千元，剥夺政治权利二年。十六、被告人张立峰犯诈骗罪，判处有期徒刑十一年，并处罚金人民币一万一千元，剥夺政治权利二年。十七、被告人赵婉婷犯诈骗罪，判处有期徒刑十年六个月，并处罚金人民币一万一千元，剥夺政治权利二年。十八、被告人靳雪峰犯诈骗罪，判处有期徒刑十年六个月，并处罚金人民币一万一千元，剥夺政治权利二年。十九、被告人吴菊灵犯诈骗罪，判处有期徒刑十年六个月，并处罚金人民币一万一千元，剥夺政治权利二年。二十、被告人蒋国婷犯诈骗罪，判处有期徒刑十年三个月，并处罚金人民币一万一千元，剥夺政治权利二年。二十一、被告人李新犯诈骗罪，判处有期徒刑十年，并处罚金人民币一万元，剥夺政治权利二年。二十二、被告人庄殿雨犯诈骗罪，判处有期徒刑十年，并处罚金人民币一万元，剥夺政治权利二年。二十三、被告人孙宝权犯诈骗罪，判处有期徒刑十年，并处罚金人民币一万元，剥夺政治权利二年。二十四、被告人赵晓峰犯诈骗罪，判处有期徒刑十年，并处罚金人民币一万元，剥夺政治权利二年。二十五、被告人张立斌犯诈骗罪，判处有期徒刑十年，并处罚金人民币一万元，剥夺政治权利二年。二十六、被告人苗清犯诈骗罪，判处有期徒刑八年，并处罚金人民币八千元，剥夺政治权利一年。二十七、被告人马春阳犯诈骗罪，判处有期徒刑七年六个月，并处罚金人民币八千元，剥夺政治权利一年。二十八、被告人阳凤犯诈骗罪，判处有期徒刑七年，并处罚金人民币七千元，剥夺政治权利一年。二十九、被告人刘若男犯诈骗罪，判处有期徒刑七年，并处罚金人民币七千元，剥夺政治权利一年。三十、被告人刘金昌犯诈骗罪，判处有期徒刑七年，并处罚金人民币七千元，剥夺政治权利一年。三十一、被告人姜志祥犯诈骗罪，判处有期徒刑六年六个月，并处罚金人民币七千元。三十二、被告人张雨犯诈骗罪，判处有期徒刑二年，并处罚金人民币二千元。三十三、被告人陶艳娇犯诈骗罪，判处有期徒刑二年，并处罚金人民币二千元。三十四、责令各被告人依法退赔被害人损失（附清单）。其中参与在肯尼亚诈骗的被告人对在肯尼亚诈骗金额，与北京市第二中级人民法院（2017）京02刑初53号的其他共同作案人承担连带退赔责任。三十五、扣押在案的代为退赔款人民币三十八万四千元并入判决主文第三十四项责令退赔部分执行；扣押在案的物品分别予以没收或并入判决主文第三十四项责令退赔部分执行（附清单）。宣判后，原审被告人张凯闵、林金德、韩刚、刘家铭、石志弘、刘念筑、陈永祯、王玮琨、潘明威、林俊鸿、王立冬、林淑珍、洪东雍、李秉蔚、杨红波、张立峰、赵婉婷、靳雪峰、吴菊灵、蒋国婷、李新、庄殿雨、孙宝权、赵晓峰、张立斌、苗清、马春阳、阳凤、刘若男、刘金昌、姜志祥不服一审判决，向本院提出上诉。本院依法组成合议庭，经过阅卷，讯问各上诉人及原审被告人，审阅了各上诉人及原审被告人的辩护人提交的书面辩护意见，认为本案事实清楚，依法决定不开庭审理本案。本案现已审理终结。

北京市第二中级人民法院刑事判决书认定：

2015年6月至2016年4月间，被告人张凯闵、林金德等33人先后出境分别至印度尼西亚共和国（以下简称印度尼西亚）、肯尼亚共和国（以下简称肯尼亚），参加针对大陆居民实施电信诈骗的犯罪集团。在实施电信诈骗过程中，各被告人与其他共同作案人（另案处理）分工合作，电脑操作手林金德、潘明威等人利用电信网络技术手段对大陆居民进行语音群呼，发送主要内容为"有快递未签收，联系客服查询"的语音包；从事一线接听的林淑珍、杨红波等人冒充快递公司客服人员,谎称被害人有签证未领取、身份信息遭泄露,以帮助被害人报案为由将电话转接至二线人员;从事二线接听、拨打电话及三线接听、拨打电话的张凯闵、韩刚等多名被告人分别冒充公安局民警、检察院检察官等国家司法机关工作人员,谎称被害人信息泄露被用于犯罪活动,需对被害人资金流向进行调查等,继续对被害人进行欺骗并要求被害人向被告人指定的银行账户转账、汇款,先后骗取苑某国、蔺某飞、白某等75人钱款,共计人民币2318.724万元(以下币种如无特殊说明均为人民币)。

其中:被告人张凯闵三次参加诈骗犯罪集团,历时5个月11天,参与诈骗期间该犯罪集团的诈骗数额为2318.724万元;其主要充当三线话务员,在肯尼亚犯罪期间系组织管理者。

被告人林金德三次参加诈骗犯罪集团,历时6个月17天,参与诈骗期间该犯罪集团的诈骗数额为2318.724万元;其主要充当电脑操作手,在肯尼亚犯罪期间系组织管理者。

被告人韩刚三次参加诈骗犯罪集团,历时4个月16天,参与诈骗期间该犯罪集团的诈骗数额为2286.6567万元;其主要充当二线话务员,并在大陆招募黑龙江籍被告人参与犯罪。

被告人刘家铭三次参加诈骗犯罪集团,历时4个月29天,参与诈骗期间该犯罪集团的诈骗数额为2318.724万元;其主要充当二线话务员。

被告人石志弘三次参加诈骗犯罪集团,历时4个月26天,参与诈骗期间该犯罪集团的诈骗数额为2120.274万元;其主要充当二线话务员。

被告人刘念筑、林俊鸿均三次参加诈骗犯罪集团,历时4个月20天,参与诈骗期间该犯罪集团的诈骗数额为2047.2367万元；其二人主要充当二线话务员。

被告人陈永祯两次参加诈骗犯罪集团，历时 2 个月 10 天，参与诈骗期间该犯罪集团的诈骗数额为 1036.4632 万元；其主要充当二线话务员，并负有部分管理职责。

被告人王玮琨两次参加诈骗犯罪集团，历时 2 个月 2 天，参与诈骗期间该犯罪集团的诈骗数额为 936.4632 万元；其主要充当三线话务员。

被告人潘明威三次参加诈骗犯罪集团，历时 5 个月 6 天，参与诈骗期间该犯罪集团的诈骗数额为 2047.2367 万元；其主要充当电脑操作手并兼任厨师。

被告人王立冬三次参加诈骗犯罪集团，历时 3 个月 16 天，参与诈骗期间该犯罪集团的诈骗数额为 1554.4778 万元；其主要充当二线话务员。

被告人林淑珍三次参加诈骗犯罪集团，历时 4 个月 20 天，参与诈骗期间该犯罪集团的诈骗数额为 2047.2367 万元；其主要充当一线话务员，并负有部分管理职责。

被告人洪东雍两次参加诈骗犯罪集团，历时 3 个月 13 天，参与诈骗期间该犯罪集团的诈骗数额为 936.4632 万元；其主要充当二线话务员，并在肯尼亚期间协助林金德提供后勤服务。

被告人李秉蔚两次参加诈骗犯罪集团，历时 2 个月 6 天，参与诈骗期间该犯罪集团的诈骗数额为 838.0132 万元；其主要充当二线话务员。

被告人杨红波三次参加诈骗犯罪集团，历时 4 个月 23 天，参与诈骗期间该犯罪集团的诈骗数额为 2294.1977 万元；其主要充当一线话务员。

被告人张立峰两次参加诈骗犯罪集团，历时 4 个月 11 天，参与诈骗期间该犯罪集团的诈骗数额为2166.8017万元；其主要充当一线话务员。

被告人赵婉婷三次参加诈骗犯罪集团，历时3个月13天，参与诈骗期间该犯罪集团的诈骗数额为1660余万元；其主要充当一线话务员。

被告人靳雪峰三次参加诈骗犯罪集团，历时3个月11天，参与诈骗期间该犯罪集团的诈骗数额为1446.9368万元；其主要充当一线话务员。

被告人吴菊灵两次参加诈骗犯罪集团，历时4个月3天，参与诈骗期间该犯罪集团的诈骗数额为2218.2907万元；其主要充当一线话务员。

被告人蒋国婷两次参加诈骗犯罪集团，历时2个月21天，参与诈骗期间该犯罪集团的诈骗数额为1747.7871万元；其主要充当一线话务员。

被告人李新两次参加诈骗犯罪集团，历时2个月2天，参与诈骗期间该犯罪集团的诈骗数额为936.4632万元；其在印度尼西亚期间充当一线话务员，在肯尼亚期间充当二线话务员。

被告人庄殿雨两次参加诈骗犯罪集团，历时2个月，参与诈骗期间该犯罪集团的诈骗数额为1036.4632万元；其主要充当一线话务员。

被告人孙宝权、赵晓峰、张立斌均两次参加诈骗犯罪集团，历时2个月左右，参与诈骗期间该犯罪集团的诈骗数额为936.4632万元；其三人主要充当一线话务员。

被告人苗清两次参加诈骗犯罪集团，历时3个月15天，参与诈骗期间该犯罪集团的诈骗数额为2163.6908万元；其主要充当一线话务员。

被告人阳凤、刘若男、姜志祥、张雨、陶艳娇均参加诈骗犯罪集团一次，历时1个月20余天，参与诈骗期间该犯罪集团的诈骗数额为1009.0672万元；其五人主要充当一线话务员。

被告人刘金昌、马春阳均参加诈骗犯罪集团一次，历时1个月20余天，参与诈骗期间该犯罪集团的诈骗数额为909.1837万元；其二人主要充当一线话务员。

2016年4月12日，肯尼亚有关部门将被告人张凯闵、林金德、韩刚、刘家铭、石志弘、刘念筑、陈永祯、王玮琨、潘明威、林俊鸿、王立冬、林淑珍、洪东雍、李秉蔚、杨红波、赵婉婷、靳雪峰、李新、庄殿雨、孙宝权、赵晓峰、张立斌移交我国公安人员；同年6月1日，被告人刘若男、姜志祥被抓获归案；同年7月2日，被告人张立峰、马春阳、刘金昌被抓获归案；同年7月5日，被告人蒋国婷、阳凤被抓获归案；同年10月21日，被告人吴菊灵被抓获归案；同年6月6日，被告人张雨、陶艳娇投案自首；同年6月24日，被告人苗清投案自首。

另，被告人张凯闵、林金德、潘明威、林俊鸿、赵晓峰、张立斌、姜志祥、张雨、陶艳娇的亲属在我院审理期间分别代为退赔10万元、16万元、5万元、2万元、1万元、1万元、1万元、1.2万元、1.2万元在案。

本院经审理查明的事实与一审法院认定的事实一致。一审法院在判决书中列述的证明上述事实的证据，已经该院庭审质证属实后确认。在本院审理期间，各上诉人、原审被告人及各辩护人均未向法庭提交新的证据，本院对一审法院判决书所列证据依法予以确认。

张凯闵的上诉理由为：其没有获得一审判决认定的那么多利润，一审判决对其量刑过重。

张凯闵的指定辩护人的辩护意见为：张凯闵主观恶性较低、认罪态度好且主动退赔受害人损失，建议二审法院对其从轻处罚。

林金德的上诉理由为：其不是诈骗集团的负责人；具有坦白情节，但一审判决未认定，对其量刑过重。

林金德的指定辩护人的辩护意见为：林金德如实供述公安机关未掌握的其在印度尼西亚实施电信诈骗的行为，应认定其具有坦白情节；在犯罪活动中获利较少且案发后积极退赃；认罪悔罪，恳请二审法院对其在有期徒刑14年以下量刑。

韩刚的上诉理由为：在印度尼西亚雅加达实施的诈骗，其只去了十几天，未参与这期间的诈骗；其获得的10万元是出国前林金德给的，与诈骗无关；一审判决对其量刑过重。

刘家铭的上诉理由为：其不是主犯，不应对全部犯罪数额承担责任；没有前科，归案后如实供述，一审判决对其量刑过重。

刘家铭的指定辩护人的辩护意见为：刘家铭为生活所迫参与诈骗，主观恶性程度比较轻；实际参与犯罪的客观情节较轻；系初犯且认罪态度好，请求二审法院对其从轻或减轻处罚。

石志弘的上诉理由为：一审判决对其量刑过重。

石志弘的指定辩护人的辩护意见为：石志弘为犯罪组织雇佣的接线员，在本案中起次要和辅助作用，应认定为从犯，一审判决认定石志弘在共同犯罪中起主要作用、系主犯是错误的，石志弘到案后能如实供述，并认罪、悔罪，恳请二审法院依法对其从轻处罚。

刘念筑的上诉理由为：一审判决对其量刑过重。

刘念筑的指定辩护人的辩护意见为：刘念筑虽然参与诈骗集团，从事诈骗活动，但对于在此期间犯罪集团诈骗2000余万元所起的作用是轻微作用，不是起骨干作用，不属于积极参与者，该集团在其参与期间诈骗金额也不是经其诈骗行为而骗取，一审判决对刘念筑的量刑过重。

陈永祯的上诉理由为：其未担任部分管理工作，不是本案主犯，一审判决对其量刑过重。

陈永祯的指定辩护人的辩护意见为：陈永祯系受他人利用和欺骗参与到诈骗犯罪中，其只是诈骗犯罪中的一个环节，不具有决定主导作用，应认定为从犯；该犯罪团伙流动性、不固定性较明显，不宜认定为犯罪集团，数额应以实际直接实施行为确定；陈永祯自愿认罪，能够如实供述犯罪事实，请求二审法院对其从轻或减轻处罚。

王玮琨的上诉理由为：其不是主犯，一审判决对其量刑过重。

王玮琨的指定辩护人的辩护意见为：王玮琨并非首要分子，在本案中并未起主要关键作用，系从犯；到案后认罪态度好，有悔罪表现，请二审法院对其依法从轻、减轻处罚。

潘明威的上诉理由为：其所得钱款是其做厨师应得的报酬，不是从事诈骗活动分得的钱款，一审判决对其量刑过重。

潘明威的指定辩护人的辩护意见为：潘明威发送语音包，进行语音群呼的行为，属于犯罪预备；其没有因诈骗获利，没有冒充司法机关工作人员，在共同犯罪中不应认定为主犯；其到案后认罪悔罪，积极退赔，请合议庭对其从轻、减轻处罚。

林俊鸿的上诉理由为：一审判决认定的非法获利数额与实际不符，对其量刑过重。

林俊鸿的指定辩护人的辩护意见为：林俊鸿能如实供述自己的犯罪事实，认罪悔罪，积极退赔；在共同犯罪中系从犯，建议对其从轻处罚。

王立冬的上诉理由为：其不是本案主犯，应为从犯，一审判决对其量刑过重；其揭发检举张立峰等人诈骗王某、熊某军的犯罪事实，协助公安机关抓获张立峰，具有立功表现，一审法院未认定。

王立冬的指定辩护人的辩护意见为：王立冬是在不知情的情况下，被韩刚诱骗至印度尼西亚和肯尼亚从事电信诈骗活动，不是主要负责人，属被动参加犯罪，不是本案主犯；王立冬归案后检举揭发同案人张立峰在印度尼西亚还有其他诈骗犯罪，具有立功情节；一审法院认定的诈骗数额过高，恳请二审法院在查明案件事实的基础上，对上诉人作出公平、公正的判决。

林淑珍的上诉理由为：其不是主犯，一审判决对其量刑过重。

林淑珍的指定辩护人的辩护意见为：林淑珍系被动参与犯罪，且非整个犯罪集团的组织者和管理者，在集团犯罪中并非起主要作用；其诈骗数额应按其参与诈骗成功的数额计算；其能够如实供述自己的罪行，认罪态度好，有悔罪表现，对其应在法定刑三年以上十年以下进行量刑，罚金数额应在一万元以下。

洪东雍的上诉理由为：一审判决认定其为主犯与事实不符，对其量刑过重。

洪东雍的指定辩护人的辩护意见为：洪东雍是被诱骗、胁迫参与犯罪；无前科劣迹，认罪态度好，自愿悔罪；相比较犯罪数额2000万元以上的被告人的刑期，洪东雍只有900万元，被判处12年有期徒刑，显然过重，敬请法庭对其从轻判处。

李秉蔚的上诉理由为：其为了偿还个人债务，受到他人引诱，误入歧途，在犯罪团伙中人身自由受限，被动参与犯罪；其没有对团伙进行组织、管理、培训，不负责与台湾方面对账，没有参与全部犯罪，只是从事了部分打杂的工作，应认定为从犯；其认罪、悔罪，一审判决对其量刑过重。

李秉蔚的指定辩护人的辩护意见为：李秉蔚不是诈骗集团的策划、组织者，不是本案主犯；在李秉蔚参与诈骗集团的诈骗活动期间，该诈骗集团的犯罪数额为838.0132万元，但其只参与了其中一部分，其中很大一部分系他人所为，尽管法律规定在确定犯罪数额时，应该按照整个集团的犯罪数额计算，但鉴于838.0132万元并非一笔诈骗所得，而是由多笔构成，希望合议庭充分考虑这一实际情况，对李秉蔚在法律允许的范围内从轻处罚；李秉蔚无前科，在被司法机关采取强制措施后，如实交代自己的犯罪事实，认罪悔罪，希望二审法院对其从轻处罚。

杨红波的上诉理由为：其系从犯，一审判决对其量刑过重。

杨红波的指定辩护人的辩护意见为：杨红波在共同犯罪中起次要和辅助作用，应认定为从犯；其系初犯，社会危害性相对较小，有坦白和当庭自愿认罪等情节，一审判决对其量刑偏重，二审法院应适当减轻对其的量刑。

张立峰的上诉理由为：其服从一审判决；其还伙同马春阳、刘金昌等人在印度尼西亚参与台湾人阿贵组建的诈骗集团，进行电信诈骗。

张立峰的指定辩护人的辩护意见为：张立峰对一审判决不持异议；有新的犯罪事实向二审法院自首，并要检举他人犯罪事实争取立功，从张立峰的认罪态度以及二审过程中的表现来看，建议二审法院酌情在一审量刑的基础上对其减轻判决。

赵婉婷的上诉理由为：其不是主犯，不应对总金额承担责任，一审判决对其量刑过重。

赵婉婷的指定辩护人的辩护意见为：赵婉婷在本案中是最低层的一线人员，未担任任何职务，只是一个起次要作用的从犯，且其第一次参与犯罪有被欺骗和引诱的事实存在；赵婉婷无前科，归案后主动坦白罪行，自愿认罪悔罪，即使根据相关司法解释要对其参与期间整个犯罪组织所得数额负责，但在量刑时也要充分考虑其在共同犯罪中的从犯地位及获利情况，给予减轻处罚。

靳雪峰的上诉理由为：其不是主犯，不应对全部数额承担责任，仅应对其实际参与的负责，一审判决对其量刑过重。

靳雪峰的指定辩护人的辩护意见为：靳雪峰是被他人采取欺骗手段拉入诈骗集团，不是诈骗集团领导、组织者，在犯罪中起次要和辅助作用，系从犯；到案后能如实供述犯罪事实，认罪悔罪，恳请法院对其减轻或从轻处罚。

吴菊灵的上诉理由为：一审判决对其量刑过重。

吴菊灵的指定辩护人的辩护意见为：一审法院认定吴菊灵诈骗金额为2218余万元且具有冒充国家机关工作人员的情节有误；其并非主动参加犯罪集团，且人身自由受到犯罪集团控制；其在共同犯罪中系从犯；到案后如实供述，认罪态度好，请合议庭对其依法改判较轻的处罚。

蒋国婷的上诉理由为：其不是主犯，一审判决对其量刑过重。

蒋国婷的辩护人的辩护意见为：蒋国婷在共同犯罪中仅起到帮助作用，其犯罪情形、身份地位、实施的犯罪行为属于最轻的，系从犯；一审判决未甄别获益情况，且有利于上诉人的相关量刑情节未予考虑，机械适用两高一部《关于办理电信网络诈骗等刑事案件适用法律若干问题的意见》，导致对蒋国婷的量刑畸重，请合议庭根据本案的事实及证据，并结合罪责刑相适应的原则，对蒋国婷作出公正判决。

李新的上诉理由为：其不是主犯，不应对全部犯罪数额承担责任；一审判决对其量刑过重。

李新的指定辩护人的辩护意见为：李新在犯罪中处于从犯地位，有胁从犯的情节；能够如实陈述、主动认罪，请法庭在量刑时充分考虑其从轻、减轻的情节，对其作出宽大处理。

庄殿雨的上诉理由为：一审判决对其量刑过重。

庄殿雨的指定辩护人的辩护意见为：庄殿雨在诈骗中起次要、辅助作用，系从犯，且不具有冒充司法机关工作人员的从重处罚情节；其参与时间少、获利少、认罪态度好，希望二审法院对其从轻处罚。

孙宝权的上诉理由为：一审判决对其量刑过重。

孙宝权的指定辩护人的辩护意见为：一审判决不应适用2016年两高一部《关于办理电信网络诈骗等刑事案件适用法律若干问题的意见》来认定孙宝权的诈骗数额；孙宝权参与到犯罪中来，其往来行程、犯罪手段等均系首恶等主导和传授，其犯意系被他人激发和诱发而生，其犯罪技能系被他人灌输和授受而得，其打电话的行为可被替代，应当认定为从犯。

赵晓峰的上诉理由为：其不是主犯，一审判决对其量刑过重。

赵晓峰的指定辩护人的辩护意见为：一审判决认定赵晓峰为主犯，将犯罪数额认定为936万元明显不当，导致量刑畸重；本案不应适用2016年"两高一部"《关于办理电信网络诈骗等刑事案件适用法律若干问题的意见》。

张立斌的上诉理由为：其不是主犯，一审判决对其量刑过重。

张立斌的指定辩护人的辩护意见为：张立斌在共同犯罪中所起作用较小，应认定为从犯；在诈骗期间，其没有诈骗成功；归案后如实供述，自愿认罪，请二审合议庭对其减轻处罚。

苗清的上诉理由为：一审判决对其量刑过重。

苗清的指定辩护人的辩护意见为：苗清并非主犯，应认定为从犯；其参与犯罪集团的时间较短，直接参与诈骗数额较少，相对来说社会危害性较小；其还具有自首、认罪等法定、酌定量刑情节，请二审合议庭对其减轻处罚。

马春阳的上诉理由为：一审判决对其量刑过重。

马春阳的指定辩护人的辩护意见为：马春阳在犯罪过程中存在被胁迫参与犯罪的可能，应认定为胁从犯；一审法院对马春阳实施犯罪涉及的金额计算错误，不应将被害人辛某清与熊某军的被骗数额计算在内；马春阳系初犯、偶犯、从犯，一审庭审中当庭认罪、悔罪，积极退还赃款，恳请二审法院对其从轻、减轻处罚。

阳凤的上诉理由为：其系从犯，一审判决对其量刑过重。

阳凤的指定辩护人的辩护意见为：阳凤系从犯，认罪态度好，一审判决对其量刑偏重，请二审法院予以改判。

刘若男的上诉理由为：一审判决对其量刑过重。

刘若男的指定辩护人的辩护意见为：刘若男系被诱骗参与诈骗，被胁迫实施诈骗行为，属于胁从犯，希望法庭能够对其从轻处罚。

刘金昌的上诉理由为：应当以其实际参与的数额定罪量刑，一审判决对其量刑过重。

刘金昌的指定辩护人的辩护意见为：一审判决认定刘金昌参与诈骗犯罪数额为 909 万余元证据不足，应以刘金昌实际参与的犯罪行为、诈骗金额和所得数额来定罪量刑，一审判决以此数额对刘金昌定罪量刑，导致量刑过重，请二审法院对刘金昌从轻处罚。

姜志祥的上诉理由为：其系胁从犯，一审判决对其量刑过重。

姜志祥的指定辩护人的辩护意见为：姜志祥存在被诱骗参与犯罪的情节，属于胁从犯；归案后如实供述全部犯罪事实，认罪态度好，请求二审法院对其从轻处罚。

张雨的指定辩护人的辩护意见为：张雨系初犯，有自首情节，积极退赃，在共同犯罪中作用较小，且认罪认罚，建议减轻一审判决张雨的刑期。

陶艳娇的指定辩护人的辩护意见为：从陶艳娇在本案中的所有行为和表现来看，在二年以下处罚能达到更好的感化和教育效果，更能彰显司法人性化，实现法与情的合理融合与和谐共赢。

根据本案的事实和证据，针对各上诉人的上诉理由及各辩护人所提辩护意见，本院综合评判如下：

1. 关于犯罪集团的认定

根据刑法第二十六条的规定，三人以上为共同犯罪而组成的较为固定的犯罪组织，是犯罪集团。本案中上诉人张凯闵、林金德、韩刚等人，为实施电信网络诈骗犯罪而组成较为固定的犯罪组织，有明显的组织、指挥、策划者，骨干分子固定，结构严密，层级分明，各个环节分工明确，各司其职，衔接有序，实行公司化管理，依法应认定为诈骗犯罪集团。该犯罪组织核心成员稳定，负责电信网络诈骗窝点的组建、人员招募、培训、管理等，在该犯罪集团中从事一线诈骗行为的上诉人及原审被告人，基于首要分子的组织、策划或指挥而实施犯罪行为，在犯罪集团中的地位、作用、分工均固定且明确，虽部分人员具有一定流动性，但不影响对犯罪集团性质的认定。

2. 关于适用2016年最高人民法院、最高人民检察院、公安部《关于办理电信网络诈骗等刑事案件适用法律若干问题的意见》（以下简称《电信诈骗意见》）

《电信诈骗意见》是"两高一部"为依法惩治电信网络诈骗等犯罪活动，根据《中华人民共和国刑法》《中华人民共和国刑事诉讼法》等法律和有关司法解释的规定，制定的具有法律效力的司法文件。《电信诈骗意见》并非在刑法之外创设的新的法律规定，只是对电信网络诈骗犯罪如何正确适用刑法进行阐明，适用《电信诈骗意见》的本质是对刑法的适用，《电信诈骗意见》本身并不具有独立的时间效力，其效力附属于刑法，适用于刑法实施期间。2011年最高人民法院、最高人民检察院《关于办理诈骗刑事案件具体应用法律若干问题的解释》（以下简称《诈骗案件解释》）系司法解释，其法律效力高于属于规范性司法文件的《电信诈骗意见》。《诈骗案件解释》主要解决的是诈骗类犯罪的共性问题，并未针对某一具体的诈骗犯罪类型作出详尽规定，而《电信诈骗意见》则是针对电信网络诈骗犯罪的具体特点，就处理该类犯罪时如何适用法律所作的具体指导意见。当二者就同一问题作出不同或同样的规定时，应直接适用《诈骗案件解释》。如果《诈骗案件解释》中对某一问题规定不明确或没有规定，而《电信诈骗意见》对该问题作出了进一步的明确或规定时，属于对《诈骗案件解释》的补充完善或进一步细化，其本质上仍是适用《诈骗案件解释》和刑法的有关规定，故二者之间不存在从旧兼从轻刑法原则的适用问题，亦不存在冲突，故本案可以适用《电信诈骗意见》。

3. 关于犯罪数额的认定

根据《电信诈骗意见》的规定，多人共同实施电信网络诈骗，被告人应对其参与期间诈骗团伙实施的全部诈骗行为承担责任。参与期间，从被告人着手实施诈骗行为开始起算。对犯罪集团着手的确定，必须把犯罪集团行为的进程作为一个整体，只要其中一个犯罪集团的参与者着手实施了实行行为，那么，就应该认为犯罪集团的所有参与者均进入了犯罪的实行阶段。本案电信诈骗犯罪集团，从其组建成立后实施诈骗犯罪开始，该集团作为一个整体即完成犯罪着手，在运转或实施犯罪过程中，被告人只要加入该犯罪集团，就成为该集团继续运转的一部分，该犯罪集团在被告人加入后所实施的全部诈骗行为，均应视为被告人所参与的诈骗行为。故各上诉人及原审被告人参与期间，以其加入该犯罪集团的时间来认定，并对其加入后该犯罪集团所实施的全部诈骗行为承担责任。

4. 关于主犯、从犯的认定

根据刑法及《电信诈骗意见》的规定，组织、领导犯罪集团进行犯罪活动的或者在共同犯罪中起主要作用的，是主犯；在其所参与的犯罪环节中起主要作用的，可以认定为主犯；起次要作用的，可以认定为从犯。对于在本案诈骗犯罪集团中从事窝点筹备、组建、人员分工、管理、培训等行为，或者从事二线、三线，以及电脑操作、人员招募、后勤保障等核心成员，因其职责较为固定，加入时间相对较长，且均积极参与犯罪，在共同诈骗犯罪及各自所在环节中均起主要作用，依法应认定为主犯。对于在诈骗犯罪中虽从事一线，但参与两次以上，应认定为积极参与犯罪，在各自所在环节中亦起主要作用，依法亦应认定为主犯。对于在诈骗犯罪中从事一线，但仅参与一次诈骗犯罪活动，鉴于其犯罪行为具有一定随机性和从属性，且参与时间相对较短，依法认定为从犯。

5. 关于从事一线的被告人具有冒充国家机关工作人员情节的认定

根据话术单及诈骗流程，诈骗犯罪集团中从事一线的被告人明知二线或三线人员会冒充公安局、检察院等国家机关工作人员，仍诱骗、引导被害人与二线或三线人员联系，为后续诈骗行为提供信息、创造条件，故从事一线的被告人与从事二线、三线的被告人具有共同冒充国家机关工作人员的主观故意和客观行为，依法应认定具有冒充国家机关工作人员的情节。

6. 关于不认定胁从犯

胁从犯是共同犯罪中被胁迫参加犯罪的人，胁从犯主观上虽然明知自己实施的是犯罪行为，但犯意并非由其本人产生，而是由于受到他人暴力、威胁而参加共同犯罪，单纯被诱骗而参加犯罪不应认定为胁从犯。在案证据证实，各被告人对实施诈骗行为，并未明确表示拒绝，亦未表现出任何反抗举动，均自主接听被害人回电，并根据话术单对被害人实施诈骗。虽然部分被告人系受高薪诱惑被招募到诈骗犯罪集团，且存在护照、手机被收走统一保管的情况，但各被告人在印度尼西亚、肯尼亚期间均可以定期与家人通话，如明确表示不想实施诈骗行为在支付交通费用的情况下，可自由退出，不存在暴力威胁、胁迫或其人身、精神受到强制的情况。如上诉人王立冬，其供称由于与同案人打架，故提前离开诈骗窝点，人身自由并未受限。

7. 关于量刑

上诉人苗清及原审被告人张雨、陶艳娇系主动投案，归案后均能如实供述犯罪事实，具有自首情节；马春阳、阳凤、刘若男、刘金昌、姜志祥、张雨、陶艳娇在共同犯罪中起次要或者辅助作用，系从犯；张凯闵等33人，除张立峰、马春阳外，在侦查阶段均能如实供述犯罪事实；张凯闵等33人在一审法院开庭审理时均表示认罪、悔罪；张凯闵、林金德、潘明威、林俊鸿、赵晓峰、张立斌、姜志祥、张雨、陶艳娇的亲属代为退赔被害人部分经济损失，以上法定从轻、减轻及酌定从轻处罚的情节，以及张凯闵等33人诈骗数额特别巨大、冒充司法机关人员在境外实施电信网络诈骗等法定、酌定从重处罚的情节，一审法院在量刑时均已充分考量。在本院审理期间，各上诉人及原审被告人均无新的从轻、减轻处罚的量刑情节，再予从轻或减轻处罚无事实及法律依据。

8. 关于其他上诉理由及辩护意见

关于张凯闵所提其没有获得一审判决认定的那么多利润及林俊鸿所提一审判决认定的获利数额与实际不符的上诉理由，经查：一审判决没有认定各被告人的获利数额，且获利数额不是诈骗罪的构成要件。

关于林金德所提其不是诈骗集团的负责人；具有坦白情节的上诉理由，经查：在侦查阶段，其供述其是肯尼亚窝点的负责人，在一审判决认定的三个窝点负责操作电脑发送语音包、话术培训、人员管理和招募等，其上述行为已经证明其是诈骗集团的组织者和管理者；同案人刘家铭、刘念筑、林俊鸿、王立冬等人均供认林金德、张凯闵是诈骗集团的负责人。在案证据证实，侦查机关根据起获的电脑中提取的人员出入境记录、skype通讯记录等证据，获取了本案林金德等人在印度尼西亚实施诈骗犯罪的线索，林金德并没有向侦查机关主动坦白。

关于韩刚所提在印度尼西亚雅加达实施的诈骗，其只去了十几天，未参与这期间的诈骗；其获得的 10 万元是出国前林金德给的，与诈骗无关的上诉理由，经查：被告人韩刚在 2015 年 7 月至 8 月间确系从印度尼西亚窝点返回大陆，但韩刚除从事二线外，还负责招募本案黑龙江籍被告人参加犯罪集团，其所招募的靳雪峰、杨红波等人依然在窝点从事诈骗犯罪活动，故韩刚对其暂时离开印度尼西亚期间诈骗犯罪集团实施的诈骗行为仍应承担相应责任。在本院提讯审理时，韩刚与林金德均供述林金德给韩刚 10 万余元，是因为韩刚招募的人员多，故韩刚获得的 10 万元是其从事诈骗行为所得。

关于陈永祯所提其未担任部分管理工作的上诉理由，经查：同案人林俊鸿、王立冬、李秉蔚等人均证实，陈永祯是二线负责人，协助林金德负责部分管理工作。

关于潘明威所提其所得钱款是其做厨师应得的报酬，不是从事诈骗活动分得的钱款的上诉理由，经查：潘明威在诈骗集团中负责操作电脑发送语音包，其行为是诈骗集团实施诈骗行为的组成部分，其作用不可或缺；其还作为厨师，为诈骗集团提供后勤保障，故其获得的钱款是其参与诈骗犯罪所得赃款。

关于王立冬及其辩护人所提王立冬揭发检举张立峰等人诈骗王某、熊某军的犯罪事实，协助公安机关抓获张立峰，具有立功表现的上诉理由，经查：王立冬揭发检举张立峰等人诈骗王某的犯罪事实，尚未查证属实；在案没有证据证明其协助公安机关抓捕同案犯；其归案后供述张立峰等人诈骗熊某军的犯罪事实，系如实供述本人所参与的共同诈骗的事实。关于王立冬的辩护人所提王立冬归案后检举揭发同案人张立峰在印度尼西亚还有其他诈骗犯罪，具有立功情节的辩护意见，经查：王立冬检举揭发同案人张立峰在印度尼西亚电信诈骗的事实，亦未查证属实，根据刑法第六十八条的规定,王立冬的上述行为均不构成立功。

关于张立峰及其辩护人所提张立峰有新的犯罪事实向二审法院自首,并要检举他人犯罪事实争取立功的上诉理由及辩护意见,经查:在本院审理期间,张立峰坦白伙同马春阳等人还在印度尼西亚参与电信诈骗,本院依法将该材料转交侦查机关。

综上,各上诉人、各辩护人所提上述相关上诉理由及辩护意见均无事实及法律依据,不能成立,本院均不予采纳。

本院认为,上诉人张凯闵等33人伙同他人,先后出境参加电信诈骗犯罪集团,在境外利用电信网络技术手段,冒充司法机关工作人员,通过虚构被害人个人信息泄露、涉嫌违法犯罪、需配合清查资金等事实,诱使被害人按照张凯闵等人的要求进行转账或汇款,诈骗被害人钱财,其行为均已构成诈骗罪,且诈骗数额特别巨大,依法均应惩处。张凯闵等33人伙同他人,为共同实施诈骗犯罪而组成较为固定的犯罪组织,是犯罪集团,且冒充司法机关工作人员在境外实施电信网络诈骗,具有诈骗老年人、在校学生财物的情节,依法应从重处罚。张凯闵、林金德、韩刚、刘家铭、石志弘、刘念筑、陈永祯、王玮琨、潘明威、林俊鸿、王立冬、林淑珍、洪东雍、李秉蔚、杨红波、张立峰、赵婉婷、靳雪峰、吴菊灵、蒋国婷、李新、庄殿雨、孙宝权、赵晓峰、张立斌、苗清在共同犯罪中起主要作用,系主犯。马春阳、阳凤、刘若男、刘金昌、姜志祥、张雨、陶艳娇在共同犯罪中起次要或者辅助作用,系从犯。苗清、张雨、陶艳娇主动投案,并如实供述犯罪事实,系自首。张凯闵、林金德、韩刚、刘家铭、石志弘、刘念筑、陈永祯、王玮琨、潘明威、林俊鸿、王立冬、林淑珍、洪东雍、李秉蔚、杨红波、赵婉婷、靳雪峰、吴菊灵、蒋国婷、李新、庄殿雨、孙宝权、赵晓峰、张立斌、阳凤、刘若男、刘金昌、姜志祥归案后亦能如实供述犯罪事实。张凯闵等33人在一审法院开庭审理时均表示认罪、悔罪。张凯闵、林金德、潘明威、林俊鸿、赵晓峰、张立斌、姜志祥、张雨、陶艳娇的亲属代为退赔被害人部分经济损失。根据以上量刑情节，依法对各上诉人、原审被告人从轻或减轻处罚。一审法院根据张凯闵等33人犯罪的事实、犯罪的性质、情节及对于社会的危害程度所作判决，事实清楚，证据确实、充分，定罪及适用法律正确，量刑适当，审判程序合法，应予维持。据此，本院依照《中华人民共和国刑事诉讼法》第二百二十五条第一款第（一）项之规定，裁定如下：

驳回张凯闵、林金德、韩刚、刘家铭、石志弘、刘念筑、陈永祯、王玮琨、潘明威、林俊鸿、王立冬、林淑珍、洪东雍、李秉蔚、杨红波、张立峰、赵婉婷、靳雪峰、吴菊灵、蒋国婷、李新、庄殿雨、孙宝权、赵晓峰、张立斌、苗清、马春阳、阳凤、刘若男、刘金昌、姜志祥的上诉，维持原判。

本裁定为终审裁定。

二〇一八年三月二十一日

北京市高级人民法院
刑事裁定书

（2018）京刑终 21 号

原公诉机关北京市人民检察院第二分院。

上诉人（原审被告人）李明杰（化名"阿杰"），男，31岁（1987年1月16日出生），汉族，出生地黑龙江省勃利县，初中文化，无业，住黑龙江省勃利县永恒乡×村×屯×组；因涉嫌犯诈骗罪于2016年4月12日被羁押，同年5月17日被逮捕；现羁押于北京市第一看守所。

指定辩护人郝某国，北京市某律师事务所律师。

上诉人（原审被告人）孙立国（化名"阿国"），男，36岁（1981年7月18日出生），汉族，出生地黑龙江省密山县，初中文化，无业，住黑龙江省密山市和平乡×村委会×组；因犯盗窃罪于2003年7月2日被判处有期徒刑二年，缓刑三年；因犯故意伤害罪于2009年1月19日被判处有期徒刑二年，缓刑三年；因涉嫌犯诈骗罪于2016年4月12日被羁押，同年5月17日被逮捕；现羁押于北京市第一看守所。

上诉人（原审被告人）倪德江（化名"小倪"），男，26岁（1991年5月7日出生），汉族，出生地黑龙江省勃利县，高中文化，无业，住黑龙江省勃利县恒太乡×村；因涉嫌犯诈骗罪于

2016年4月12日被羁押，同年5月17日被逮捕；现羁押于北京市第一看守所。

指定辩护人李某，北京市某律师事务所律师。

指定辩护人时某茂，北京市某律师事务所律师。

原审被告人徐伟伦（化名"西瓜"），男，29岁（1988年4月24日出生），台湾居民，自述初中文化，无业，住台湾南投县埔里镇×路×号；因涉嫌犯诈骗罪于2016年4月12日被羁押，同年5月17日被逮捕；现羁押于北京市第一看守所。

指定辩护人赵某洋，北京某律师事务所律师。

原审被告人李硕（化名"小天"），男，23岁（1994年5月18日出生），台湾居民，自述初中文化，无业，住台湾南投县埔里镇南村×巷×号；因涉嫌犯诈骗罪于2016年4月12日被羁押，同年5月17日被逮捕；现羁押于北京市第一看守所。

指定辩护人杨某国，北京某律师事务所律师。

原审被告人蓝晨方（化名"阿乐""小乐"），女，27岁（1990年4月26日出生），台湾居民，自述高中文化，无业，住台湾南投县埔里镇×路×号；因涉嫌犯诈骗罪于2016年4月12日被羁押，同年5月17日被逮捕；现羁押于北京市第一看守所。

指定辩护人田某，北京市某律师事务所律师。

原审被告人张金库（化名"阿库"），男，29岁（1988年5月6日出生），汉族，出生地黑龙江省七台河市，小学文化，无业，住黑龙江省七台河市新兴区×社区；因涉嫌犯诈骗罪于2016年4月12日被羁押，同年5月17日被逮捕；现羁押于北京市第一看守所。

指定辩护人李某剑，北京市某律师事务所律师。

原审被告人张金玲（化名"小玲"），女，29岁（1989年3

月 10 日出生），汉族，出生地黑龙江省七台河市，初中文化，无业，住黑龙江省勃利县倭肯镇×村×屯×组×号；因涉嫌犯诈骗罪于 2016 年 4 月 12 日被羁押，同年 5 月 17 日被逮捕；现羁押于北京市第一看守所。

指定辩护人赵某，北京市某律师事务所律师。

原审被告人萧燃（化名"阿燃"），男，25 岁（1992 年 4 月 19 日出生），台湾居民，自述高中文化，无业，住台湾南投县埔里镇×路×巷×号；因涉嫌犯诈骗罪于 2016 年 4 月 12 日被羁押，同年 5 月 17 日被逮捕；现羁押于北京市第一看守所。

指定辩护人牟某鹏，天津某（北京）律师事务所律师。

指定辩护人张某东，天津某（北京）律师事务所律师。

原审被告人李虹筠（化名"小筠"），女，25 岁（1993 年 3 月 7 日出生），台湾居民，自述高职肄业，无业，住台湾南投县埔里镇×路×号；因涉嫌犯诈骗罪于 2016 年 4 月 12 日被羁押，同年 5 月 17 日被逮捕；现羁押于北京市第一看守所。

指定辩护人刘某征，北京某律师事务所律师。

原审被告人彭飞（化名"阿飞"），男，23 岁（1994 年 12 月 12 日出生），汉族，出生地黑龙江省桦南县，初中文化，无业，住黑龙江省桦南县闫家镇×村×组；因涉嫌犯诈骗罪于 2016 年 4 月 12 日被羁押，同年 5 月 17 日被逮捕；现羁押于北京市第一看守所。

指定辩护人田某媛，北京市某律师事务所律师。

原审被告人林诗俞（化名"小小"），女，23 岁（1995 年 1 月 12 日出生），台湾居民，自述高中文化，无业，住台湾南投县埔里镇×巷×号；因涉嫌犯诈骗罪于 2016 年 4 月 12 日被羁押，同年 5 月 17 日被逮捕；现羁押于北京市第一看守所。

指定辩护人高某，北京某律师事务所律师。

原审被告人陈彩瑜（化名"小俞"），女，22岁（1995年9月15日出生），台湾居民，自述初中文化，无业，住台湾花莲县花莲市×街×巷×号；因涉嫌犯诈骗罪于2016年4月12日被羁押，同年5月17日被逮捕；现羁押于北京市第一看守所。

指定辩护人韩某东，北京市某律师事务所律师。

原审被告人白晨雪（化名"小白""小雪"），女，24岁（1993年4月9日出生），汉族，出生地黑龙江省勃利县，中专文化，无业，住黑龙江省勃利县×社区；因涉嫌犯诈骗罪于2016年4月12日被羁押，同年5月17日被逮捕；现羁押于北京市第一看守所。

指定辩护人段某传，北京市某律师事务所律师。

原审被告人徐民佑（化名"阿佑"），男，25岁（1992年6月2日出生），台湾居民，自述大学文化，无业，住台湾南投县埔里镇×路×号；因涉嫌犯诈骗罪于2016年4月12日被羁押，同年5月17日被逮捕；现羁押于北京市第一看守所。

指定辩护人李某娟，北京市某律师事务所律师。

原审被告人王彬（化名"阿文"），男，30岁（1987年10月27日出生），汉族，出生地黑龙江省七台河市，初中文化，无业，住黑龙江省七台河市茄子河区铁山乡×村×组；因涉嫌犯诈骗罪于2016年4月12日被羁押，同年5月17日被逮捕；现羁押于北京市第一看守所。

指定辩护人陈某宇，北京市某律师事务所律师。

原审被告人刘易泰（化名"阿泰"），男，32岁（1985年8月15日出生），台湾居民，自述初中文化，无业，住台湾南投县埔里镇×路×号；因涉嫌犯诈骗罪于2016年4月12日被羁押,同年 5 月 17 日被逮捕;2018 年 1 月 11 日被取保候审。

指定辩护人刘某林,北京市某律师事务所律师。

北京市第二中级人民法院审理北京市人民检察院第二分院指控原审被告人徐伟伦、李硕、蓝晨方、李明杰、张金库、张金玲、萧燃、李虹筠、彭飞、林诗俞、陈彩瑜、白晨雪、徐民佑、孙立国、王彬、倪德江、刘易泰犯诈骗罪一案,于二〇一七年十二月二十一日作出(2017)京 02 刑初 53 号刑事判决。宣判后,原审被告人李明杰、孙立国、倪德江不服,提出上诉。本院依法组成合议庭,经过阅卷,讯问上诉人李明杰、孙立国、倪德江及原审被告人徐伟伦、李硕、蓝晨方、张金库、张金玲、萧燃、李虹筠、彭飞、林诗俞、陈彩瑜、白晨雪、徐民佑、王彬、刘易泰,听取了辩护人的辩护意见,认为本案事实清楚,依法决定不开庭审理。本案经合议庭评议,现已审理终结。

北京市第二中级人民法院判决认定:

2016 年 3 月至 4 月间,被告人徐伟伦、李硕、蓝晨方、李明杰、张金库、张金玲、萧燃、李虹筠、白晨雪、彭飞、林诗俞、陈彩瑜、刘易泰、徐民佑、孙立国、王彬、倪德江等 17 人相继出境至肯尼亚共和国(以下简称肯尼亚),参加由他人组织的针对大陆居民实施电信诈骗的犯罪集团。该犯罪集团在肯尼亚内罗毕租住 Runda Mumwe House NO.201 别墅作为犯罪窝点,上述 17 名被告人与其他 24 名共同作案人(均另案处理)分工合作。电脑操作手利用电信网络技术手段向北京地区不特定人员发送含有快递未签收、联系客服查询等内容的"语音包";一线负责接听电话的人员冒充顺丰快递客服,谎称被害人有签证未领取,身份信息遭泄露;二线负责接听或拨打电话的人员冒充公安民警,谎称被害人信息泄露被用于犯罪活动,检察院已介入;三线负责接听或拨打电话的人员冒充检察官,谎称需对被害人资金流向进行调查等,以此套取被害人个人及银行账户信息,并要求被害人向被告人指定的银行账户转账、汇款,骗取被害人钱款,先后骗取被害人阳某亮人民币3.611万元(以下币种如无特别说明均为人民币)、李某强2万元、孙某斌0.73万元、吴某君1.2万元、门某贤4.731万元、娄某铭0.511万元、范某慧0.64万元、李某梦1.011万元、白某7.962万元、王某国5万元,以上共计27.396万元。

其中:被告人徐伟伦、李硕于2016年3月参加诈骗犯罪集团,充当二线人员,期间该犯罪集团的诈骗数额为27.396万元。

被告人蓝晨方、李明杰、张金库、张金玲、萧燃、李虹筠、白晨雪、彭飞、林诗俞、陈彩瑜等10人于2016年3月参加诈骗犯罪集团,充当一线人员,期间该犯罪集团的诈骗数额为27.396万元。

被告人刘易泰、徐民佑于2016年3月参加诈骗犯罪集团,在该集团作为厨师,同时兼任一线人员,期间该犯罪集团的诈骗数额为27.396万元。

被告人孙立国、王彬、倪德江于2016年4月1日参加诈骗犯罪集团,充当一线人员,期间该犯罪集团的诈骗数额为19.855万元。

上述各被告人于2016年4月12日被抓获归案。

一审法院认定上述事实的证据有:

被告人徐伟伦、孙立国、刘易泰的供述,被告人蓝晨方的供述及辨认笔录,共同作案人林金德的供述,被告人李硕、李明杰、张金库、张金玲、萧燃、李虹筠、白晨雪、彭飞、林诗俞、陈彩瑜、徐民佑、王彬、倪德江、共同作案人张凯闵、潘明威、韩刚、刘家铭、石志弘、刘念筑、林俊鸿、王立冬、林淑珍、杨红波、赵婉婷、靳雪峰、王玮琨、陈永祯、洪东雍、李新、李秉蔚、庄殿雨、赵晓峰、张立斌、孙宝权、张紫凌、李禹贤的供述与徐伟伦、孙立国、刘易泰、蓝晨方、林金德供述的内容基本相同，本案被告人、共同作案人之间相互辨认的辨认笔录，被害人王某国的陈述，被害人李某强、白某、孙某斌、吴某君、李某梦、范某慧、娄某铭、门某贤、阳某亮的陈述与王某国陈述的内容基本相同，通话记录详单、手机短信截图、侦查机关出具的情况说明、工作说明等，ATM 交易凭证、银行凭证、银行账户交易明细、银行汇款清单等，物证照片、中国驻肯尼亚大使馆出具的情况说明、肯尼亚警方出具的调查报告、北京市公安局海淀分局出具的扣押笔录、扣押决定书、扣押清单等，国家信息中心电子数据司法鉴定中心出具的司法鉴定意见书（〔2017〕国信电鉴字第 11 号），北京市公安司法鉴定中心出具的京公司鉴（电）字〔2016〕第 112、113、114、156、157、187 号电子物证检验报告，北京市公安局网安总队出具的 17 份远程勘验笔录、北京市公安局刑侦总队出具的情况说明、台湾居民来往大陆通行证、常住人口基本信息表等证据，北京市公安局、台湾警方出具的徐伟伦等 17 名被告人的出入境记录情况表，立案决定书、拘留证、逮捕证等法律手续，到案经过、工作说明等，刘易泰的家属向法院交纳案款 1 万元的收据。

一审法院认为：被告人徐伟伦等 17 人以非法占有为目的，出境参加电信诈骗犯罪集团，利用电信网络技术手段，冒充司法机关等工作人员，通过虚构被害人个人信息泄露、涉嫌违法犯罪等事实，欺骗被害人按照被告人的要求进行转账或汇款，诈骗被害人钱财，数额巨大，行为均已构成诈骗罪，依法均应予惩处。

被告人徐伟伦等17人伙同他人，为共同实施诈骗犯罪而组成较为固定的犯罪组织，是犯罪集团。徐伟伦、李硕在共同犯罪中起主要作用，系主犯，其余被告人在共同犯罪中起次要或辅助作用，系从犯，依法减轻处罚。徐伟伦等17人冒充司法机关工作人员，在境外实施电信网络诈骗，骗取老年人、在校学生的财物，应酌予从重处罚；孙立国曾因犯罪被判处刑罚，此次再次犯罪，应酌情从重处罚。刘易泰的家属代刘易泰赔偿被害人部分经济损失；徐伟伦、李硕等17名被告人在被抓获归案后均能如实供述犯罪事实，能认罪、悔罪，可酌予从轻处罚。在综合考量各被告人的犯罪事实及量刑情节后，依法对徐伟伦、李硕从轻处罚，对其余被告人减轻处罚。据此，判决：一、被告人徐伟伦犯诈骗罪，判处有期徒刑三年，并处罚金人民币三千元。二、被告人李硕犯诈骗罪，判处有期徒刑三年，并处罚金人民币三千元。三、被告人蓝晨方犯诈骗罪，判处有期徒刑二年六个月，并处罚金人民币三千元。四、被告人李明杰犯诈骗罪，判处有期徒刑二年六个月，并处罚金人民币三千元。五、被告人张金库犯诈骗罪，判处有期徒刑二年六个月，并处罚金人民币三千元。六、被告人张金玲犯诈骗罪，判处有期徒刑二年六个月，并处罚金人民币三千元。七、被告人萧燃犯诈骗罪，判处有期徒刑二年六个月，并处罚金人民币三千元。八、被告人李虹筠犯诈骗罪，判处有期徒刑二年六个月，并处罚金人民币三千元。九、被告人彭飞犯诈骗罪，判处有期徒刑二年六个月，并处罚金人民币三千元。十、被告人林诗俞犯诈骗罪，判处有期徒刑二年六个月，并处罚金人民币三千元。十一、被告人陈彩瑜犯诈骗罪，判处有期徒刑二年六个月，并处罚金人民币三千元。十二、被告人白晨雪犯诈骗罪，判处有期徒刑二年六个月，并处罚金人民币三千元。十

三、被告人徐民佑犯诈骗罪,判处有期徒刑二年,并处罚金人民币二千元。十四、被告人孙立国犯诈骗罪,判处有期徒刑二年,并处罚金人民币二千元。十五、被告人王彬犯诈骗罪,判处有期徒刑二年,并处罚金人民币二千元。十六、被告人倪德江犯诈骗罪,判处有期徒刑二年,并处罚金人民币二千元。十七、被告人刘易泰犯诈骗罪,判处有期徒刑一年九个月,并处罚金人民币二千元。十八、继续追缴被告人徐伟伦、李硕、蓝晨方、李明杰、张金库、张金玲、萧燃、李虹筠、白晨雪、彭飞、林诗俞、陈彩瑜、刘易泰、徐民佑人民币七万五千四百一十元,分别发还被害人李某强人民币二万元、孙某斌人民币七千三百元、阳某亮人民币三万六千一百一十元、吴某君人民币一万二千元。继续追缴被告人徐伟伦、李硕、蓝晨方、李明杰、张金库、张金玲、萧燃、李虹筠、白晨雪、彭飞、林诗俞、陈彩瑜、刘易泰、徐民佑、孙立国、王彬、倪德江人民币十九万八千五百五十元,分别发还被害人门某贤人民币四万七千三百一十元、娄某铭人民币五千一百一十元、白某人民币七万九千六百二十元、范某慧人民币六千四百元、李某梦人民币一万零一百一十元、王某国人民币五万元。各被告人对上述追缴发还金额,与北京市第二中级人民法院(2017)京02刑初55号刑事判决主文第三十四项中相应的其他共同作案人承担连带责任。十九、扣押在案的人民币一万元并入上述追缴项执行。

本院审理过程中,上诉人李明杰、孙立国、倪德江申请撤回上诉。原审被告人徐伟伦、李硕、蓝晨方、张金库、张金玲、萧燃、李虹筠、彭飞、林诗俞、陈彩瑜、白晨雪、徐民佑、王彬、刘易泰均表示服从一审判决。

本院为上诉人和原审被告人指定的各辩护人对一审法院经审

理查明的事实、证据、定性均没有异议，仅就从轻情节等提出辩护意见。本院认为，一审法院根据上诉人李明杰、孙立国、倪德江及原审被告人徐伟伦、李硕、蓝晨方、张金库、张金玲、萧燃、李虹筠、彭飞、林诗俞、陈彩瑜、白晨雪、徐民佑、王彬、刘易泰犯罪的事实、性质、情节及对于社会的危害程度所作的判决，事实清楚，证据确实、充分，定罪及适用法律正确，量刑适当，审判程序合法。对于李明杰、孙立国、倪德江撤回上诉的申请，本院依法准许。依照最高人民法院《关于适用〈中华人民共和国刑事诉讼法〉的解释》第三百零五条第一款、第三百零八条的规定，裁定如下：

准许上诉人李明杰、孙立国、倪德江撤回上诉。

北京市第二中级人民法院（2017）京02刑初53号刑事判决自本裁定送达之日起发生法律效力。

本裁定为终审裁定。

二〇一八年三月二十七日

叶源星、张剑秋提供侵入计算机信息系统程序、谭房妹非法获取计算机信息系统数据案

（检例第68号）

关键词

专门用于侵入计算机信息系统的程序　非法获取计算机信息系统数据　撞库　打码

要旨

对有证据证明用途单一，只能用于侵入计算机信息系统的程序，司法机关可依法认定为"专门用于侵入计算机信息系统的程序"；难以确定的，应当委托专门部门或司法鉴定机构作出检验或鉴定。

基本案情

叶源星，男，1977年3月10日出生，超市网络维护员。

张剑秋，男，1972年8月14日出生，小学教师。

谭房妹，男，1993年4月5日出生，农民。

2015年1月，被告人叶源星编写了用于批量登录某电商平台账户的"小黄伞"撞库软件（"撞库"是指黑客通过收集已泄露的用户信息，利用账户使用者相同的注册习惯，如相同的用户名和密码，尝试批量登录其他网站，从而非法获取可登录用户信息的行为）供他人免费使用。"小黄伞"撞库软件运行时，配合使用叶源星编写的打码软件（"打码"是指利用人工大量输入验证码的行为）可以完成撞库过程中对大量验证码的识别。叶源星通过网络向他人有偿提供打码软件的验证码识别服务，同时将其中的人工输入验证码任务交由被告人张剑秋完成，并向其支付费用。

2015年1月至9月，被告人谭房妹通过下载使用"小黄伞"撞库软件，向叶源星购买打码服务，获取到某电商平台用户信息2.2万余组。

被告人叶源星、张剑秋通过实施上述行为，从被告人谭房妹处获取违法所得共计人民币4万余元。谭房妹通过向他人出售电商平台用户信息，获取违法所得共计人民币25万余元。法院审理期间，叶源星、张剑秋、谭房妹退缴了全部违法所得。

指控与证明犯罪

（一）审查起诉

2016年10月10日，浙江省杭州市公安局余杭区分局以犯罪嫌疑人叶源星、张剑秋、谭房妹涉嫌非法获取计算机信息系统数据罪移送杭州市余杭区人民检察院审查起诉。期间，叶源星、张剑秋的辩护人向检察机关提出二名犯罪嫌疑人无罪的意见。叶源星的辩护人认为，叶源星利用"小黄伞"软件批量验证已泄露信息的行为，不构成非法获取计算机信息系统数据罪。张剑秋的辩护人认为，张剑秋不清楚组织打码是为了非法获取某电商平台的用户信息。张剑秋与叶源星没有共同犯罪故意，不构成非法获取计算机信息系统数据罪。

杭州市余杭区人民检察院经审查认为，犯罪嫌疑人叶源星编制"小黄伞"撞库软件供他人使用，犯罪嫌疑人张剑秋组织码工打码，犯罪嫌疑人谭房妹非法获取网络用户信息并出售牟利的基本事实清楚，但需要进一步补强证据。2016年11月25日、2017年2月7日，检察机关二次将案件退回公安机关补充侦查，明确提出需要补查的内容、目的和要求。一是完善"小黄伞"软件的编制过程、运作原理、功能等方面的证据，以便明确"小黄伞"软件是否具有避开或突破某电商平台服务器的安全保护措施，非法获取计算机信息系统数据的功能。二是对扣押的张剑秋电脑进行补充勘验，以便确定张剑秋主观上是否明知其组织打码行为是为他人非法获取某电商平台用户信息提供帮助；调取张剑秋与叶源星的QQ聊天记录，以便查明二人是否有犯意联络。三是提取叶源星被扣押电脑的MAC地址（又叫网卡地址，由12个16进制数组成，是上网设备在网络中的唯一标识），分析"小黄伞"软件源代码中是否含有叶源星电脑的MAC地址，以便查明某电商平台被非法登录过的账号与叶源星编制的"小黄伞"撞库软件之间是否存在关联性。四是对被扣押的谭房妹电脑和U盘进行补充勘验，调取其中含有账号、密码的文件，查明文件的生成时间和特征，以便确定被查获的存储介质中的某电商平台用户信息是否系谭房妹使用"小黄伞"软件获取。

公安机关按照检察机关的要求，对证据作了进一步补充完善。同时，检察机关就"小黄伞"软件的运行原理等问题，听取了技术专家意见。结合公安机关两次退查后补充的证据，案件证据中存在的问题已经得到解决：

一是明确了"小黄伞"软件具有以下功能特征：（1）"小黄伞"软件用途单一，仅针对某电商平台账号进行撞库和接入打码平台，这种非法侵入计算机信息系统获取用户数据的程序没有合法用途。（2）"小黄伞"软件具有避开或突破计算机信息系统安全保护措施的功能。在实施撞库过程中，一个IP地址需要多次登录大量账号，为防止被某电商平台识别为非法登录，导致IP地址被封锁，"小黄伞"软件被编入自动拨号功能，在批量登录几组账号后，会自动切换新的IP地址，从而达到避开该电商平台安全防护的目的。（3）"小黄伞"软件具有绕过验证码识别防护措施的功能。在他人利用非法获取的该电商平台账号登录时，需要输入验证码。"小黄伞"软件会自动抓取验证码图片发送到打码平台，由张剑秋组织的码工对验证码进行识别。（4）"小黄伞"软件具有非法获取计算机信息系统数据的功能。"小黄伞"软件对登录成功的某电商平台账号，在未经授权的情况下，会自动抓取账号对应的昵称、注册时间、账号等级等信息数据。根据以上特征，可以认定"小黄伞"软件属于刑法规定的"专门用于侵入计算机信息系统的程序"。

二是从张剑秋和叶源星电脑中补充勘查到的QQ聊天记录等电子数据证实，叶源星与张剑秋聊天过程中曾提及"扫平台""改一下平台程序""那些人都是出码的"；通过补充讯问张剑秋和叶源星，明确了张剑秋明知其帮叶源星打验证码可能被用于非法目的，仍然帮叶源星做打码代理。上述证据证实张剑秋与叶源星之间已经形成犯意联络，具有共同犯罪故意。

三是通过进一步补充证据，证实了使用撞库软件的终端设备的 MAC 地址与叶源星电脑的 MAC 地址、"小黄伞"软件的源代码里包含的 MAC 地址一致。上述证据证实叶源星就是"小黄伞"软件的编制者。

四是通过对谭房妹所有包含某电商平台用户账号和密码的文件进行比对，查明了谭房妹利用"小黄伞"撞库软件非法获取的某电商平台用户信息文件不仅包含账号、密码，还包含了注册时间、账号等级、是否验证等信息，而谭房妹从其他渠道非法获取的账号信息文件并不包含这些信息。通过对谭房妹电脑的进一步勘查和对谭房妹的进一步讯问，确定了谭房妹利用"小黄伞"软件登录某电商平台用户账号的过程和具体时间，该登录时间与部分账号信息文件的生成时间均能一一对应。根据上述证据，最终确定谭房妹利用"小黄伞"撞库所得的网络用户信息为 2.2 万余组。

综上，检察机关认为案件事实已查清，但公安机关对犯罪嫌疑人叶源星、张剑秋移送起诉适用的罪名不准确。叶源星、张剑秋共同为他人提供专门用于侵入计算机信息系统的程序，均已涉嫌提供侵入计算机信息系统程序罪；犯罪嫌疑人谭房妹的行为已涉嫌非法获取计算机信息系统数据罪。

（二）出庭指控犯罪

2017 年 6 月 20 日，杭州市余杭区人民检察院以被告人叶源星、张剑秋构成提供侵入计算机信息系统程序罪，被告人谭房妹构成非法获取计算机信息系统数据罪，向杭州市余杭区人民法院提起公诉。11 月 17 日，法院公开开庭审理了本案。

庭审中，3 名被告人对检察机关的指控均无异议。谭房妹的辩护人提出，谭房妹系初犯，归案后能如实供述罪行，自愿认罪，请求法庭从轻处罚。叶源星和张剑秋的辩护人提出以下辩护意见：一是检察机关未提供省级以上有资质机构的检验结论，现有证据不足以认定"小黄伞"软件是"专门用于侵入计算机信息系统的程序"。二是张剑秋与叶源星间没有共同犯罪的主观故意。三是叶源星和张剑秋的违法所得金额应扣除支付给码工的钱款。

针对上述辩护意见，公诉人答辩如下：一是在案电子数据、勘验笔录、技术人员的证言、被告人供述等证据相互印证，足以证实"小黄伞"软件具有避开和突破计算机信息系统安全保护措施，未经授权获取计算机信息系统数据的功能，属于法律规定的"专门用于侵入计算机信息系统的程序"。二是被告人叶源星与张剑秋具有共同犯罪的故意。QQ聊天记录反映两人曾提及非法获取某电商平台用户信息的内容，能证实张剑秋主观明知其组织他人打码系用于批量登录该电商平台账号。张剑秋组织他人帮助打码的行为和叶源星提供撞库软件的行为相互配合，相互补充，系共同犯罪。三是被告人叶源星、张剑秋的违法所得应以其出售验证码服务的金额认定，给码工等相关支出均属于犯罪成本，不应扣除。二人系共同犯罪，应当对全部犯罪数额承担责任。四是3名被告人在庭审中认罪态度较好且上交了全部违法所得，建议从轻处罚。

（三）处理结果

浙江省杭州市余杭区人民法院采纳了检察机关的指控意见，判决认定被告人叶源星、张剑秋的行为已构成提供侵入计算机信息系统程序罪，且系共同犯罪；被告人谭房妹的行为已构成非法获取计算机信息系统数据罪。鉴于3名被告人均自愿认罪，并退出违法所得，对3名被告人判处三年有期徒刑，适用缓刑，并处罚金。宣判后，3 名被告人均未提出上诉，判决已生效。

指导意义

审查认定"专门用于侵入计算机信息系统的程序"，一般应要求公安机关提供以下证据：一是从被扣押、封存的涉案电脑、U 盘等原始存储介质中收集、提取相关的电子数据。二是对涉案程序、被侵入的计算机信息系统及电子数据进行勘验、检查后制作的笔录。三是能够证实涉案程序的技术原理、制作目的、功能用途和运行效果的书证材料。四是涉案程序的制作人、提供人、使用人对该程序的技术原理、制作目的、功能用途和运行效果进行阐述的言词证据，或能够展示涉案程序功能的视听资料。五是能够证实被侵入计算机信息系统安全保护措施的技术原理、功能以及被侵入后果的专业人员的证言等证据。六是对有运行条件的，应要求公安机关进行侦查实验。对有充分证据证明涉案程序是专门设计用于侵入计算机信息系统、非法获取计算机信息系统数据的，可直接认定为"专门用于侵入计算机信息系统的程序"。

证据审查中，可从以下方面对涉案程序是否属于"专门用于侵入计算机信息系统的程序"进行判断：一是结合被侵入的计算机信息系统的安全保护措施，分析涉案程序是否具有侵入的目的，是否具有避开或者突破计算机信息系统安全保护措施的功能。二是结合计算机信息系统被侵入的具体情形，查明涉案程序是否在未经授权或超越授权的情况下，获取计算机信息系统数据。三是分析涉案程序是否属于"专门"用于侵入计算机信息系统的程序。

根据《最高人民法院、最高人民检察院关于办理危害计算机信息系统安全刑事案件应用法律若干问题的解释》第十条和《最高人民法院、最高人民检察院、公安部关于办理刑事案件收集提取和审查判断电子数据若干问题的规定》第十七条的规定，对是否属于"专门用于侵入计算机信息系统的程序"难以确定的，一般应当委托省级以上负责计算机信息系统安全保护管理工作的部门检验，也可由司法鉴定机构出具鉴定意见，或者由公安部指定的机构出具报告。实践中，应重点审查检验报告、鉴定意见对程序运行过程和运行结果的判断，结合案件具体情况，认定涉案程序是否具有突破或避开计算机信息系统安全保护措施，未经授权或超越授权获取计算机信息系统数据的功能。

相关规定

《中华人民共和国刑法》第二百八十五条、第二十五条

《最高人民法院、最高人民检察院关于办理危害计算机信息系统安全刑事案件应用法律若干问题的解释》第一条、第二条、第三条、第十条、第十一条

《最高人民法院、最高人民检察院、公安部关于办理刑事案件收集提取和审查判断电子数据若干问题的规定》第十七条

附：相关法律文书

浙江省杭州市余杭区人民法院
刑事判决书

(2017) 浙 0110 刑初 664 号

公诉机关浙江省杭州市余杭区人民检察院。

被告人谭房妹，男，1993 年 4 月 5 日生，汉族，初中文化程度，农民，住江西省赣州市全南县南迳镇×村×组。因本案于 2015 年 9 月 23 日被刑事拘留，同年 10 月 16 日被取保候审，2018 年 4 月 20 日被逮捕。现押于杭州市余杭区看守所。

辩护人徐某（杭州市余杭区法律援助中心指派），浙江某律师事务所律师。

被告人叶源星，男，1977 年 3 月 10 日生，汉族，大专文化程度，公司职员，住重庆市永川区广场街×号。因本案于 2015 年 9 月 9 日被刑事拘留，同年 10 月 16 日被取保候审，2018 年 4 月 20 日被逮捕。现押于杭州市余杭区看守所。

辩护人刘某，浙江某律师事务所律师。

辩护人彭某，重庆某律师事务所律师。

被告人张剑秋，男，1972 年 8 月 14 日生，汉族，大学本科文化程度，教师，住山东省枣庄市滕州市西岗镇×路×号。因本案于 2015 年 10 月 22 日被取保候审。

辩护人张某、渠某杰，山东某律师事务所律师。

杭州市余杭区人民检察院以杭余检公诉刑诉〔2017〕342号起诉书指控被告人谭房妹犯非法获取计算机信息系统数据罪，被告人叶源星、张剑秋犯提供侵入计算机信息系统程序罪；于2017年6月22日向本院提起公诉。本院依法适用普通程序，公开开庭审理了本案。杭州市余杭区人民检察院指派检察员李剑出庭支持公诉。被告人谭房妹及其辩护人徐某、被告人叶源星及其辩护人刘某、彭某、被告人张剑秋及其辩护人张某、渠某杰到庭参加诉讼。其间，杭州市余杭区人民检察院建议延期审理二次，经上一级人民法院批准，延长审理期限三个月。现已审理终结。

杭州市余杭区人民检察院指控：2015年1月左右，被告人叶源星编写了用于批量登录淘宝账号、密码的"小黄伞"软件供他人使用，他人在使用"小黄伞"软件时还需在被告人叶源星开设的"小诚店铺"淘宝店上购买验证码充值卡才能对图片验证码进行识别，从而完成批量登录淘宝账号。被告人叶源星将图片验证码识别（俗称"打码"）的业务交由被告人张剑秋协助完成，被告人张剑秋在明知被告人叶源星的打验证码平台用于批量登录淘宝账号的情况下，组织了多名码工帮助被告人叶源星"打码"，并从被告人叶源星处收取好处费。

2015年1月左右至9月期间，被告人谭房妹通过下载使用被告人叶源星编写的"小黄伞"软件、购买验证码充值卡，在被告人张剑秋帮助"打码"的情况下，成功获取淘宝账号、密码2万余组，并将非法获取的淘宝账号、密码出售给他人，获取违法所得25万余元。

被告人叶源星、张剑秋通过向被告人谭房妹出售验证码充值卡，获取违法所得4万余元。

据以指控的证据有物证；书证；证人证言；电子证物检查工

作记录；光盘；被告人供述和辩解等。公诉机关认为，被告人谭房妹的行为已构成非法获取计算机信息系统数据罪，被告人叶源星、张剑秋的行为均已构成提供侵入计算机信息系统程序罪，均系情节特别严重，提请本院依照《中华人民共和国刑法》第二百八十五条第二款、第三款之规定处罚。

被告人谭房妹对公诉机关的指控无异议。

辩护人提出，被告人谭房妹系初犯，归案后如实供述自己的罪行，自愿认罪，且实际获利较少，请求法庭对被告人谭房妹从轻处罚，并适用缓刑。

被告人叶源星对公诉机关的指控无异议。

辩护人刘某提出，认定"小黄伞"软件属于专门用于侵入计算机信息系统的程序存在瑕疵，且认定叶源星、张剑秋违法所得4万余元事实不清，被告人叶源星认罪、悔罪，愿意退赃，请求法庭对被告人叶源星适用缓刑。

辩护人彭某提出：（1）被告人叶源星主观恶性较小，犯罪情节较轻，其获利金额应扣除其支付给码工的钱款，实际所得不足1万元，属于"情节严重"而非"情节特别严重"；（2）被告人叶源星系初犯，归案后如实供述自己的罪行，认罪、悔罪，请求法庭对被告人叶源星从轻处罚，并适用缓刑。

被告人张剑秋对公诉机关的指控无异议。

辩护人提出：（1）"小黄伞"软件不属于专门用于侵入计算机信息系统的程序、工具；（2）即使认定"小黄伞"软件属于专门用于侵入计算机信息系统的程序、工具，被告人张剑秋与被告人叶源星之间也无共同犯罪的主观故意；（3）即使认定被告人张剑秋构成犯罪，应认定其系从犯，或对其打码行为单独评价，根据实际，获利仅1200余元认定不构成情节特别严重，被告人张剑秋社会危害性较小，且系初犯，又认罪、悔罪，请求法庭对被告人张剑秋单处罚金。

经审理查明：2015年1月左右，被告人叶源星编写了"小黄伞"软件供他人使用，并绑定其开发的验证码识别（俗称"打码"）平台，该"小黄伞"软件结合"打码"平台即可通过撞库方式实现淘宝账号、密码批量验证并登录。被告人叶源星通过让他人在其开设的"小诚商铺"淘宝店上购买验证码充值卡方可使用其"打码"平台对图片验证码进行识别而获利，并将"打码"业务交由被告人张剑秋协助完成，被告人张剑秋在明知被告人叶源星的"打码"平台用于批量登录淘宝账号的情况下，组织多名码工帮助被告人叶源星"打码"，并从被告人叶源星处收取好处费。

2015年1月左右至9月期间，被告人谭房妹通过下载使用被告人叶源星编写的"小黄伞"软件、购买验证码充值卡，在被告人张剑秋帮助"打码"的情况下，成功获取淘宝账号、密码2万余组，并将非法获取的淘宝账号、密码出售给他人，获取违法所得人民币25万余元。被告人叶源星、张剑秋通过向被告人谭房妹出售验证码充值卡，获取违法所得人民币49050元。

案发后，公安机关从被告人谭房妹处扣押作案工具台式电脑主机1台、U盘1个、无线路由器1个，从被告人叶源星处扣押作案工具台式电脑主机1台、硬盘2个，从被告人张剑秋处扣押作案工具计算机1台、硬盘1个，现均扣押于杭州市公安局余杭区分局。

另查明，在本院审理期间，被告人谭房妹向本院退出违法所得人民币250000元，被告人叶源星、张剑秋向本院退出违法所得共计人民币49050元。

证明上述事实并经庭审质证的证据有：

1. 证人张某坤、陈某的证言，证实2015年4月至同年8月间，阿里巴巴（中国）软件有限公司发现有人使用包含MAC地址为50∶46∶5D∶A3∶58∶AB的终端设备（虚拟机），使用软件通过撞库的形式非法获取淘宝用户的账号和密码，尝试登录51万余个（次）淘宝账号，其中近4万次成功登录，成功登录的账号中有近2万个账号是实名认证过的事实。

2. 证人谭某珍的证言，证实其系谭房妹姐姐，其淘宝账号suzhen×××××，绑定的支付宝账号是谭房妹的手机号码18779×××××，谭房妹会使用其账号在淘宝网上出售东西，没有人给其支付宝转过账，其自己给支付宝账户充值过2万元左右，另其有一张农行卡交由谭房妹使用等事实。

3. 搜查证、搜查笔录、扣押决定书、扣押物品清单及照片，证实侦查人员对叶源星、谭房妹住处进行搜查，从叶源星处查获台式电脑主机1台、硬盘2个、三星手机2部、工商银行卡2张，从谭房妹处查获台式电脑主机1台、手机1部、银行卡2张、U盘1个、无线路由器1个，另侦查人员从张剑秋处查获计算机1台、手机1部、硬盘1个、银行卡1张，并对上述物品予以扣押等事实。

4. 电子证物检查工作记录，证实公安机关对谭房妹使用的电脑、无线路由器、U盘进行电子证物检查的相关情况，提取到"小黄伞"软件及相关淘宝账号、密码数据、电脑Mac地址的事实。

5. 电子证物检查工作记录，证实公安机关对叶源星使用的电脑、路由器进行电子证物检查的相关情况，并提取"小黄伞"程序软件以及QQ1838×××××聊天记录（涉及"扫淘宝"

内容）等事实。

6. 电子证物检查工作记录，证实公安机关对张剑秋使用的电脑硬盘进行电子证物检查的相关情况，并提取打码软件使用情况及QQ997×××××相关聊天记录等事实。

7. 调取证据通知书、调取证据清单、电子数据（光盘）、情况说明，证实公安机关调取谭房妹电脑主机主板自带网卡Mac：00-E0-4C-36-40-04、无线路由器A8-57-4E-2B-7B-94在2013年1月1日至2015年9月16日登录淘宝账号情况以及叶源星电脑主板自带网卡Mac：50-46-5D-A3-58-AB在2014年1月1日至2015年9月16日登录淘宝账号情况。

8. 调取证据通知书、电子数据（光盘）、协助查询财产通知书、银行账户信息、交易明细，证实公安机关调取叶源星使用的"小诚商铺""yyx×××××@Sina.com""18983×××××"、谭素珍淘宝"suzhen×××××"、支付宝"18779××××"、张剑秋支付宝zhangjianqiu××@126.com的交易记录、资金往来情况以及叶源星、谭房妹涉案银行卡交易情况，其中支付宝交易记录显示谭素珍（18779×××××）（suzhen×××××）2015年1月至9月支付给叶源星（18983×××××）（小诚商铺）共计49050元，谭房妹控制使用的工商银行卡（开户人陈某、账号6212264000024×××××）2015年1月至9月收入26万余元的事实。

9. 情况说明，证实公安机关因打码平台不存在而无法进行"小黄伞"软件功能的侦查实验以及通过让被告人叶源星打电话给华硕客服根据主板编号查询自带网卡MAC地址的事实。

10. 本院票据，证实各被告人向本院退出违法所得情况。

11. 户籍证明，证实被告人叶源星、张剑秋、谭房妹的身份及查无前科情况。

12. 抓获经过、破案经过，证实本案侦破经过及被告人谭房妹、叶源星、张剑秋均系被动归案的事实。

13. 被告人谭房妹的供述和辩解，证实2015年年初，其在网上看到有人在倒卖淘宝账号、密码，就去网上找了一下，发现他们在用的是一款叫"小黄伞"的软件，该软件可以用来批量破解淘宝账号、密码，其就到各个网站去购买下载账号、密码库，下载的数据都是网民破解获取到的网站的账号、密码，是TXT的文本格式，其用"小黄伞"软件导入下载的文本文件进行批量破解，"小黄伞"软件会自动按照文本文件中的账号、密码进行淘宝网站登录，能登录（账号、密码匹配）的会自动生成一个文本文档，不能登录的也会自动生成一个文档，"小黄伞"软件刷出的正确的文件格式中每条数据都是包含邮箱地址、账号、密码、星级、注册时间、认证情况，其将能登录的账号、密码整理好，再通过QQ（号码977×××××）在网上出售，价格是一个账号0.1元到10元不等，价格高低与账号的信誉、等级有关，其通过上述方式一共破解淘宝账号大约五、六万个，赚取8万余元；"小黄伞"软件是网站上免费下载的，但使用该软件进行账号批量破解需要对刷验证码的账号进行充值，充值是在淘宝网站"小诚商铺"购买充值卡，其是用姐姐谭某珍的淘宝账号（suzhen×××××）购买充值卡，大约购买了二、三万元，销售淘宝账号时也是用该账号，其将淘宝账号通过QQ传给买家，对方将钱通过支付宝转给其，其查询余额后进行提现操作，将钱转入开户人陈某的工商银行卡（账号：62122640000×××××，2014年网上购买），再通过网银将钱转入自己开户的中国邮政储蓄银行卡（账号：6210984280007×××××），在使用上述2张银行卡之前还使用过谭某珍的农行卡（账号：622848068005××××××），另部分买家会直接通过网银将款项打入其使用的尾号3××9工商银行卡，部分买家通过财付通支付到其财付通账号（即QQ账号977××××××），其也是提现到尾号3××9的工商银行卡，其查看该银行卡交易记录后确认其中13000元与出售淘宝账号无关，另其支付宝账号也有部分朋友及其姐姐谭某珍给其支付宝账号转账，总金额不超过一万元，其余均是其销售淘宝账号所得款项；其运行"小黄伞"软件后会自动在电脑桌面生成账号、密码正确的文本文件，并复制保存到优盘，而生成的其余两个文件则删除，其保存在U盘"2015文件夹"内文件名"出过拍单"内除"4.23txt"文件外都是已经出售的数据，其电脑桌面上"新建文件夹"下的"新建文件夹"中的文件就是"小黄伞"程序文件及通过"小黄伞"程序生成的文本文件，其中"登录成功.txt"文本文件就是撞库成功的账号、密码，但其电脑硬盘、优盘上和"登录成功.txt"文本文件一样模式的文件并非都是通过"小黄伞"软件刷库形成的，有些是其从网上购得后再出售，以赚取差价，经其核对优盘文件，共有22489组账号、密码是其通过"小黄伞"软件扫出来的淘宝账号、密码，且均出售过，部分还出售给不止一个人等事实。

14. 被告人叶源星的供述和辩解，证实2014年年初，其发现网上有人在用打码（打验证码，即将网站会员登录时需要输入的验证码内容由图片形式转化文字形式）平台赚钱，就仿照着做了一个打码平台，并且慢慢地组建了一个打码平台QQ群，销售其打码平台的账号、密码，为方便交易其还在淘宝网开了一个名为"小诚商铺"的店铺，提供打码服务，后有客户利用别的工具连接其的打码平台接口打淘宝网的码,并称其打码平台增加了"后门"(木马植入),其向客户解释对方也不相信,遂于2014年年底参考其他扫淘宝账号、密码的软件编写了一个打淘宝网验证码的小工具,叫作"小黄伞"软件,其将"小黄伞"免费提供给客户们使用,但"小黄伞"软件绑定链接其打码平台,对方使用"小黄伞"软件在其打码平台上就能够直接打淘宝网的码,至案发,其打码平台获利十余万元;"小黄伞"软件的功能是批量进行淘宝账号、密码的校验,先通过软件的数据接口批量导入淘宝账号和密码,软件自动进行登录,遇到需要输入系统验证码时,软件自动抓取验证码并将内容传输到其的打码平台,平台将数据发送到分辨验证码的人员即"码工"处,码工在打码平台手工输入验证码后自动回传到"小黄伞"软件,软件再自动填到淘宝网站需要输入验证码的区域,通过上述流程完成账号、密码的验证,"小黄伞"界面会显示正确的账号、密码以及密码错误的账号,并有导出功能,从而可以完成对海量账号、密码进行甄别,且能获取星级、注册时间、ID 等信息;其打码平台是收费的,一般价格是 25 元 10000 次验证码,而其付给识别验证码的人("码工头")是 22 元 10000 次验证码,该"码工头"(即张剑秋)是其于 2014 年网上认识,通过 QQ 联系,其自己 QQ 号码是 1838×××××,支付宝账号 yyx×××××@sina.com,对方 QQ 号码 997×××××××,名称"AB-明月",支付宝账号"zhangjianqiu××@126.com",打码平台会自动结算,其每隔几天将款项通过支付宝转给对方;其开始做打码平台时有 2-3 个码工代理,认识"AB-明月"(即张剑秋)之后对方提出独家代理,从 2014 年 5、6 月开始就没有其他代理了,2014 年 12 月、2015 年 2 月,其与张剑秋聊天时都说起过自己是"刷淘宝"的等事实。

15. 被告人张剑秋的供述和辩解证实,大约 2012 年,其在一些网站、论坛了解到网上有很多人通过帮助别人输入验证码(简称"打码",将验证码由图片形式转化为文本形式)赚钱,2013 年,其偶然通过一个 QQ 群认识了一个 QQ 号码为 1838××××× 的"老板"(即被告人叶源星),当时对方在群里发了打码任务的消息,寻找码工来有偿输入大量网站登录的验证码,价格是 1000 个码 2 元钱,其(QQ 号码 997×××××)就和对方私聊并成为码工代理,对方发给其一个叫"明爵"的打码软件,其将该软件放到一个 QQ 昵称为"鱼"的人搭建的网站(www.abtpw.com)上,该网站可以分发任务、统计数据,其在几个会员群或者代理群里发一个任务和网站的链接,让想做的码工访问 www.abtpw.com 下载打码软件并申请工号,然后运行程序,逐个输入验证码,整个打码过程就完成了;其下面有几百名码工帮其打码,叶源星给其的打码费用是打 1000 个码 2 元,其从中抽取 5% 后支付码工 1.9 元每 1000 个码,其将打码任务分发给码工一两天后,叶源星就会把码工的工作量数据发给其,计算出总金额后通过支付宝(账号:yyx×××××@sina.com)转账到其支付宝账户 zhangjianqiu8@126.com,然后其通过自己购买的"打码结算软件"对数据进行处理,算出扣除其提成后每个码工应得的金额,再使用"不停转批量支付软件"批量支付给码工,截至 2015 年 10 月,其一共赚取 3 万元左右;其自 2014 年 2 月开始成为叶源星打码的独家代理,叶源星之所以需要大量输入验证码是因为要尝试登录大量网络账号,如果自己一个一个输入根本来不及,所以需要码工,至于网络账号具体情况其不清楚,但知道是通过非法途径得到的,因为按照常理,一个人不可能拥有如此庞大数量的网络账号，且也无须同时登录，其不清楚叶源星打码平台具体是打哪个网站的验证码，通过打码软件看不出，但2014年12月，其和叶源星聊天时对方说起过是"扫淘宝"的，应该是和淘宝网有关，2015年2月，叶源星说起"要改淘宝程序"，即做针对淘宝网扫号的软件，其也就知道其提供的打码代理服务是用来刷淘宝账号的，但其仅关注打码数量，并不关心叶源星扫码的具体用途等事实。

上述证据确实充分且相互印证，足以认定。

被告人叶源星的辩护人刘某提出认定"小黄伞"软件属于专门用于侵入计算机信息系统的程序存在瑕疵；被告人张剑秋的辩护人提出"小黄伞"软件不属于专门用于侵入计算机信息系统的程序、工具，经查，在案的被告人谭房妹、叶源星的供述和辩解相互印证，证实"小黄伞"软件具有批量验证淘宝账号、密码的功能，且能够获取账号星级、注册时间、认证情况等其他信息，该事实亦与电子证物检查工作记录关于对谭房妹电脑及U盘电子证物检查情况相符，足以认定"小黄伞"软件具有突破计算机信息系统安全保护措施并未经授权获取计算机信息系统数据的功能，显系专门用于侵入计算机信息系统的程序，公安机关未能对该软件进行侦查实验或进行司法鉴定，并不影响对其功能的认定，上述辩护意见，本院不予采信。

被告人叶源星的辩护人刘某提出认定被告人叶源星、张剑秋违法所得4万余元事实不清，经查，在案的被告人谭房妹、叶源星的供述和辩解相互印证，证实被告人谭房妹自2015年1月左右使用被告人叶源星编写的"小黄伞"软件刷淘宝账号、密码，而支付宝交易记录显示涉案时间段内被告人谭房妹向被告人叶源星"小诚商铺"购买打码服务共计支付4万余元，足以认定被告人叶源星、张剑秋违法所得4万余元的事实，上述辩护意见，本院不予采信。

本院认为，被告人谭房妹违反国家规定，采用技术手段获取计算机信息系统中存储的数据，并进行出售牟利，情节特别严重，其行为已构成非法获取计算机信息系统数据罪；被告人叶源星、张剑秋结伙提供专门用于侵入计算机信息系统的程序，情节特别严重，其行为均已构成提供侵入计算机信息系统程序罪。公诉机关指控的罪名均成立。被告人叶源星的辩护人彭某提出被告人叶源星获利金额应扣除其支付给码工的钱款，实际所得不足一万元，属于"情节严重"而非"情节特别严重"；被告人张剑秋的辩护人亦提出应对被告人张剑秋打码行为单独评价，根据实际获利仅1200余元认定不构成情节特别严重，经查，被告人叶源星、张剑秋的违法所得应以其出售验证码服务的金额认定，期间相关支出均属于犯罪成本，不应扣除，且二人属于共同犯罪，应当对全部犯罪金额承担责任，故均已达法定情节特别严重的标准，上述辩护意见，本院均不予采纳。被告人张剑秋的辩护人提出被告人张剑秋与被告人叶源星之间无共同犯罪的主观故意，经查，被告人叶源星、张剑秋的供述和辩解与QQ聊天记录等证据相互印证，证实被告人张剑秋明知被告人叶源星"打码"是为了尝试非正常地登录大量网络账号，且已被明确告知扫淘宝账号，仍负责提供"打码"服务，具有共同犯罪的主观故意，构成被告人叶源星提供侵入计算机信息系统程序罪的共犯，上述辩护意见，本院不予采纳。被告人叶源星、张剑秋在共同犯罪中各有分工、相互配合，均属不可或缺的环节，二者地位、作用相当，不宜区分主从犯，被告人张剑秋的辩护人关于被告人张剑秋系从犯的辩护意见，本院不予采纳，但可根据罪责区别量刑。被告人谭房妹、叶源星、张剑秋归案后均能如实供述自己的主要罪行,依法均可以从轻处罚。被告人谭房妹、叶源星、张剑秋均当庭自愿认罪,并退出违法所得,本院对各被告人均酌情予以从轻处罚,并均予适用缓刑。各辩护人所提的相关辩护意见,本院酌情予以采纳。被告人叶源星的辩护人彭某提出被告人叶源星主观恶性较小,犯罪情节较轻以及被告人张剑秋的辩护人提出被告人张剑秋社会危害性较小的辩护意见,与本院审理查明的被告人叶源星、张剑秋所犯罪行、情节不符,本院不予采纳。被告人张剑秋的辩护人建议对被告人张剑秋单处罚金的辩护意见,于法无据,本院亦不予采纳。各辩护人其余辩护意见,酌情予以采纳。据此,依照《中华人民共和国刑法》第二百八十五条第二款、第三款、第二十五条第一款、第六十七条第三款、第七十二条第一款、第三款、第七十三条第二款、第三款、第五十二条、第五十三条第一款、第六十四条以及《最高人民法院、最高人民检察院关于办理危害计算机信息系统安全刑事案件应用法律若干问题的解释》第一条第一款第(二)项、第(四)项、第二款第(一)项、第二条第(一)项、第三条第一款第(五)项、第二款第(一)项、《最高人民法院关于适用财产刑若干问题的规定》第一条、第二条第一款之规定,判决如下:

一、被告人谭房妹犯非法获取计算机信息系统数据罪,判处有期徒刑三年,缓刑四年,并处罚金人民币四万元(缓刑考验期限从判决确定之日起计算。罚金限判决生效后十日内缴纳)。

二、被告人叶源星犯提供侵入计算机信息系统程序罪,判处有期徒刑三年,缓刑四年,并处罚金人民币四万元(缓刑考验期限从判决确定之日起计算。罚金限判决生效后十日内缴纳)。

三、被告人张剑秋犯提供侵入计算机信息系统程序罪,判处有期徒刑三年，缓刑三年，并处罚金人民币三万元（缓刑考验期限从判决确定之日起计算。罚金限判决生效后十日内缴纳）。

四、暂存于本院的被告人谭房妹、叶源星、张剑秋退出的违法所得共计人民币二十九万九千零五十元，予以追缴，上缴国库。

五、扣押于杭州市公安局余杭区分局未随案移送的被告人谭房妹犯罪工具台式电脑主机一台、U盘一个、无线路由器一个、被告人叶源星犯罪工具台式电脑主机一台、硬盘二个及被告人张剑秋犯罪工具计算机一台、硬盘一个，均予以没收，由杭州市公安局余杭区分局处理。

如不服本判决，可在接到判决书的第二日起十日内，通过本院或直接向浙江省杭州市中级人民法院提出上诉。书面上诉的，应交上诉状正本一份，副本二份。

二〇一八年五月十八日

姚晓杰等 11 人破坏计算机信息系统案

(检例第 69 号)

关键词

破坏计算机信息系统网络攻击　引导取证　损失认定

要旨

为有效打击网络攻击犯罪，检察机关应加强与公安机关的配合，及时介入侦查引导取证，结合案件特点提出明确具体的补充侦查意见。对被害互联网企业提供的证据和技术支持意见，应当结合其他证据进行审查认定，客观全面准确认定破坏计算机信息系统罪的危害后果。

基本案情

被告人姚晓杰，男，1983 年 3 月 27 日出生，无固定职业。
被告人丁虎子，男，1998 年 2 月 7 日出生，无固定职业。
其他 9 名被告人基本情况略。
2017 年初，被告人姚晓杰等人接受王某某（另案处理）雇佣，招募多名网络技术人员，在境外成立"暗夜小组"黑客组织。"暗夜小组"从被告人丁虎子等 3 人处购买大量服务器资源，再利用木马软件操控控制端服务器实施 DDoS 攻击（指黑客通过远程控制服务器或计算机等资源，对目标发动高频服务请求，使目标服务器因来不及处理海量请求而瘫痪）。2017 年 2—3 月间，"暗夜小组"成员三次利用 14 台控制端服务器下的计算机，持续对某互联网公司云服务器上运营的三家游戏公司的客户端 IP 进行 DDoS 攻击。攻击导致三家游戏公司的 IP 被封堵，出现游戏无法登录、用户频繁掉线、游戏无法正常运行等问题。为恢复云服务器的正常运营，某互联网公司组织人员对服务器进行了抢修并为此支付 4 万余元。

指控与证明犯罪

（一）介入侦查引导取证

2017 年初，某互联网公司网络安全团队在日常工作中监测到多起针对该公司云服务器的大流量高峰值 DDoS 攻击，攻击源 IP 地址来源不明，该公司随即报案。公安机关立案后，同步邀请广东省深圳市人民检察院介入侦查、引导取证。

针对案件专业性、技术性强的特点，深圳市人民检察院会同公安机关多次召开案件讨论会，就被害单位云服务器受到的 DDoS 攻击的特点和取证策略进行研究，建议公安机关及时将被害单位报案提供的电子数据送国家计算机网络应急技术处理协调中心广东分中心进行分析，确定主要攻击源的 IP 地址。

2017 年 6—9 月间，公安机关陆续将 11 名犯罪嫌疑人抓获。侦查发现，"暗夜小组"成员为逃避打击，在作案后已串供并将手机、笔记本电脑等作案工具销毁或者进行了加密处理。"暗夜小组"成员到案后大多作无罪辩解。有证据证实丁虎子等人实施了远程控制大量计算机的行为,但证明其将控制权出售给"暗夜小组"用于 DDoS 网络攻击的证据薄弱。

鉴于此,深圳市检察机关与公安机关多次会商研究"暗夜小组"团伙内部结构、犯罪行为和技术特点等问题,建议公安机关重点做好以下三方面工作:一是查明导致云服务器不能正常运行的原因与"暗夜小组"攻击行为间的关系。具体包括:对被害单位提供的受攻击 IP 和近 20 万个攻击源 IP 作进一步筛查分析,找出主要攻击源的 IP 地址,并与丁虎子等人出售的控制端服务器 IP 地址进行比对;查清主要攻击源的波形特征和网络协议,并和丁虎子等人控制的攻击服务器特征进行比对,以确定主要攻击是否来自于该控制端服务器;查清攻击时间和云服务器因被攻击无法为三家游戏公司提供正常服务的时间;查清攻击的规模;调取"暗夜小组"实施攻击后给三家游戏公司发的邮件。二是做好犯罪嫌疑人线上身份和线下身份同一性的认定工作,并查清"暗夜小组"各成员在犯罪中的分工、地位和作用。三是查清犯罪行为造成的危害后果。

(二)审查起诉

2017 年 9 月 19 日,公安机关将案件移送广东省深圳市南山区人民检察院审查起诉。鉴于在案证据已基本厘清"暗夜小组"实施犯罪的脉络,"暗夜小组"成员的认罪态度开始有了转变。经审查,全案基本事实已经查清,基本证据已经调取,能够认定姚晓杰等人的行为已涉嫌破坏计算机信息系统罪:一是可以认定系"暗夜小组"对某互联网公司云服务器实施了大流量攻击。国家计算机网络应急技术处理协调中心广东分中心出具的报告证实,筛选出的大流量攻击源 IP 中有 198 个 IP 为僵尸网络中的被控主机，这些主机由 14 个控制端服务器控制。通过比对丁虎子等人电脑中的电子数据，证实丁虎子等人控制的服务器就是对三家游戏公司客户端实施网络攻击的服务器。分析报告还明确了云服务器受到的攻击类型和攻击采用的网络协议、波形特征，这些证据与"暗夜小组"成员供述的攻击源特征一致。网络聊天内容和银行交易流水等证据证实"暗夜小组"向丁虎子等三人购买上述 14 个控制端服务器控制权的事实。电子邮件等证据进一步印证了"暗夜小组"实施攻击的事实。二是通过进一步提取犯罪嫌疑人网络活动记录、犯罪嫌疑人之间的通讯信息、资金往来等证据，结合对电子数据的分析，查清了"暗夜小组"成员虚拟身份与真实身份的对应关系，查明了小组成员在招募人员、日常管理、购买控制端服务器、实施攻击和后勤等各个环节中的分工负责情况。

审查中，检察机关发现，攻击行为造成的损失仍未查清：部分犯罪嫌疑人实施犯罪的次数，上下游间交易的证据仍欠缺。针对存在的问题，深圳市南山区人民检察院与公安机关进行了积极沟通，于 2017 年 11 月 2 日和 2018 年 1 月 16 日两次将案件退回公安机关补充侦查。一是鉴于证实受影响计算机信息系统和用户数量的证据已无法调取，本案只能以造成的经济损失认定危害后果。因此要求公安机关补充调取能够证实某互联网公司直接经济损失或为恢复网络正常运行支出的必要费用等证据，并交专门机构作出评估。二是进一步补充证实"暗夜小组"成员参与每次网络攻击具体情况以及攻击服务器控制权在"暗夜小组"与丁虎子等人间流转情况的证据。三是对丁虎子等人向"暗夜小组"提供攻击服务器控制权的主观明知证据作进一步补强。

公安机关按要求对证据作了补强和完善，全案事实已查清，案件证据确实充分,已经形成了完整的证据链条。

（三）出庭指控犯罪

2018年3月6日,深圳市南山区人民检察院以被告人姚晓杰等11人构成破坏计算机信息系统罪向深圳市南山区人民法院提起公诉。4月27日,法院公开开庭审理了本案。

庭审中,11名被告人对检察机关的指控均表示无异议。部分辩护人提出以下辩护意见:一是网络攻击无处不在,现有证据不能认定三家网络游戏公司受到的攻击均是"暗夜小组"发动的,不能排除攻击来自其他方面。二是即便认定"暗夜小组"参与对三家网络游戏公司的攻击,也不能将某互联网公司支付给抢修系统数据的员工工资认定为本案的经济损失。

针对辩护意见,公诉人答辩如下:一是案发时并不存在其他大规模网络攻击,在案证据足以证实只有"暗夜小组"针对云服务器进行了DDoS高流量攻击,每次的攻击时间和被攻击的时间完全吻合,攻击手法、流量波形、攻击源IP和攻击路径与被告人供述及其他证据相互印证,现有证据足以证明三家网络游戏公司客户端不能正常运行系受"暗夜小组"攻击导致。二是根据法律规定,"经济损失"包括危害计算机信息系统犯罪行为给用户直接造成的经济损失以及用户为恢复数据、功能而支出的必要费用。某互联网公司为修复系统数据、功能而支出的员工工资系因犯罪产生的必要费用,应当认定为本案的经济损失。

（四）处理结果

2018年6月8日,广东省深圳市南山区人民法院判决认定被告人姚晓杰等11人犯破坏计算机信息系统罪;鉴于各被告人均表示认罪悔罪,部分被告人具有自首等法定从轻、减轻处罚情节，对 11 名被告人分别判处有期徒刑一年至二年不等。宣判后，11 名被告人均未提出上诉，判决已生效。

指导意义

（一）立足网络攻击犯罪案件特点引导公安机关收集调取证据

对重大、疑难、复杂的网络攻击类犯罪案件，检察机关可以适时介入侦查引导取证，会同公安机关研究侦查方向，在收集、固定证据等方面提出法律意见。一是引导公安机关及时调取证明网络攻击犯罪发生、证明危害后果达到追诉标准的证据。委托专业技术人员对收集提取到的电子数据等进行检验、鉴定，结合在案其他证据，明确网络攻击类型、攻击特点和攻击后果。二是引导公安机关调取证明网络攻击是犯罪嫌疑人实施的证据。借助专门技术对攻击源进行分析，溯源网络犯罪路径。审查认定犯罪嫌疑人网络身份与现实身份的同一性时，可通过核查 IP 地址、网络活动记录、上网终端归属，以及证实犯罪嫌疑人与网络终端、存储介质间的关联性综合判断。犯罪嫌疑人在实施网络攻击后，威胁被害人的证据可作为认定攻击事实和因果关系的证据。有证据证明犯罪嫌疑人实施了攻击行为，网络攻击类型和特点与犯罪嫌疑人实施的攻击一致，攻击时间和被攻击时间吻合的，可以认定网络攻击系犯罪嫌疑人实施。三是网络攻击类犯罪多为共同犯罪，应重点审查各犯罪嫌疑人的供述和辩解、手机通信记录等，通过审查自供和互证的情况以及与其他证据间的印证情况，查明各犯罪嫌疑人间的犯意联络、分工和作用，准确认定主、从犯。四是对需要通过退回补充侦查进一步完善上述证据的，在提出补充侦查意见时,应明确列出每一项证据的补侦目的,以及为了达到目的需要开展的工作。在补充侦查过程中,要适时与公安机关面对面会商,了解和掌握补充侦查工作的进展,共同研究分析补充到的证据是否符合起诉和审判的标准和要求,为补充侦查工作提供必要的引导和指导。

(二)对被害单位提供的证据和技术支持意见需结合其他在案证据作出准确认定

网络攻击类犯罪案件的被害人多为大型互联网企业。在打击该类犯罪的过程中,司法机关往往会借助被攻击的互联网企业在网络技术、网络资源和大数据等方面的优势,进行溯源分析或对攻击造成的危害进行评估。由于互联网企业既是受害方,有时也是技术支持协助方,为确保被害单位提供的证据客观真实,必须特别注意审查取证过程的规范性;有条件的,应当聘请专门机构对证据的完整性进行鉴定。如条件不具备,应当要求提供证据的被害单位对证据作出说明。同时要充分运用印证分析审查思路,将被害单位提供的证据与在案其他证据,如从犯罪嫌疑人处提取的电子数据、社交软件聊天记录、银行流水、第三方机构出具的鉴定意见、证人证言、犯罪嫌疑人供述等证据作对照分析,确保不存在人为改变案件事实或改变案件危害后果的情形。

(三)对破坏计算机信息系统的危害后果应作客观全面准确认定

实践中,往往倾向于依据犯罪违法所得数额或造成的经济损失认定破坏计算机信息系统罪的危害后果。但是在一些案件中,违法所得或经济损失并不能全面、准确反映出犯罪行为所造成的危害。有的案件违法所得或者经济损失的数额并不大,但网络攻击行为导致受影响的用户数量特别大，有的导致用户满意度降低或用户流失，有的造成了恶劣社会影响。对这类案件，如果仅根据违法所得或经济损失数额来评估危害后果，可能会导致罪刑不相适应。因此，在办理破坏计算机信息系统犯罪案件时，检察机关应发挥好介入侦查引导取证的作用，及时引导公安机关按照法律规定，从扰乱公共秩序的角度，收集、固定能够证实受影响的计算机信息系统数量或用户数量、受影响或被攻击的计算机信息系统不能正常运行的累计时间、对被害企业造成的影响等证据，对危害后果作出客观、全面、准确认定，做到罪责相当、罚当其罪，使被告人受到应有惩处。

相关规定

《中华人民共和国刑法》第二百八十六条

《最高人民法院、最高人民检察院关于办理危害计算机信息系统安全刑事案件应用法律若干问题的解释》第四条、第六条、第十一条

附：相关法律文书

广东省深圳市南山区人民法院
刑事判决书

(2018) 粤 0305 刑初 418 号

公诉机关广东省深圳市南山区人民检察院。

被告人姚晓杰，男，汉族，1983 年 3 月 27 日出生，身份证号码 3706811983×××××××，中专文化，户籍所在地山东省龙口市振兴北路×号，住山东省龙口市振兴北路×号，无固定职业。因本案于 2017 年 6 月 19 日被抓获，同日被刑事拘留，于 2017 年 7 月 24 日被逮捕，现羁押于深圳市南山区看守所。

辩护人周某，广东某律师事务所律师。

被告人李波，男，汉族，1990 年 3 月 1 日出生，身份证号码 5101211990×××××××，初中文化，户籍所在地四川省成都市成华区万年场×组×号，住成都市成华区双桥路北一街×栋，无固定职业。因本案于 2017 年 6 月 17 日被抓获，次日被刑事拘留，于 2017 年 7 月 24 日被逮捕，现羁押于深圳市南山区看守所。

辩护人黄某，广东某律师事务所律师。

被告人原晓辉，男，汉族，1991 年 5 月 30 日出生，身份证号码 4108811991×××××××，小学文化，户籍所在地河南省焦作市济源市，住河南省济源市北海办事处庙街村济渎大街

×号，无固定职业。因本案于2017年9月15日被抓获，同日被刑事拘留，于2017年10月21日被逮捕，现羁押于深圳市南山区看守所。

辩护人施某，北京某（深圳）律师事务所律师。

辩护人李某杰，北京某（深圳）律师事务所律师。

被告人周继伟，男，汉族，1983年4月4日出生，身份证号码4130251983×××××××，大学文化，户籍所在地河南省信阳市光山县，住河南省光山县寨河镇×村×组，无固定职业。因本案于2017年9月15日被抓获，同日被刑事拘留，于2017年10月21日被逮捕，现羁押于深圳市南山区看守所。

辩护人梁某忆，广东某律师事务所律师。

被告人原千，男，汉族，1991年10月18日出生，身份证号码4108811991×××××××，初中文化，户籍所在地河南省济源市北海办事处庙街村×巷×号，住河南省济源市北海办事处庙街村×巷×号，无固定职业。因本案于2017年6月21日到河南省济源市公安局自动投案，同日被刑事拘留，于2017年7月24日被逮捕，现羁押于深圳市南山区看守所。

辩护人汪某平，北京市某（深圳）律师事务所律师。

被告人原赛赛，女，汉族，1991年12月2日出生，身份证号码4108811991×××××××，初中文化，户籍所在地河南省济源市北海办事处庙街村×巷×号，现住河南省济源市北海办事处庙街村×巷×号，无固定职业。因本案于2017年6月18日被抓获，同日被刑事拘留，于2017年7月24日被逮捕，现羁押于深圳市南山区看守所。

辩护人尹某服，广东某律师事务所律师。

被告人卢杨杨，男，汉族，1992年2月16日出生，身份证号码 4108811992×××××××,小学文化,户籍所在地河南省济源市大峪镇×村,现住河南省济源市大峪镇×村,无固定职业。因本案于 2017 年 6 月 18 日被抓获,同日被刑事拘留,于 2017 年 7 月 24 日被逮捕,现羁押于深圳市南山区看守所。

辩护人肖某品,广东某律师事务所律师。

被告人张婵婵,女,汉族,1984 年 7 月 4 日出生,身份证号码 4103811984×××××××,中专文化,户籍所在地山东省龙口市振兴北路×号,现住山东省龙口市振兴北路×号,无固定职业。因本案于 2017 年 6 月 20 日被抓获,同日被刑事拘留,于 2017 年 7 月 24 日被逮捕,现羁押于深圳市南山区看守所。

辩护人舒某,广东某律师事务所律师。

被告人丁虎子,男,汉族,1998 年 2 月 7 日出生(实际),身份证号码 3412021995×××××××,初中文化,户籍所在地安徽省阜阳市颍州区京九办事处×村,住上海市杨蒲区杨树浦路×弄×号,无固定职业。因本案于 2017 年 5 月 8 日被抓获,同日被刑事拘留,于 2017 年 6 月 12 日被逮捕,现羁押于深圳市南山区看守所。

辩护人刘某,广东某律师事务所律师。

辩护人李某艳,广东某律师事务所律师。

被告人董冬,男,汉族,1997 年 12 月 21 日出生,身份证号码 3209021997×××××××,大专文化,户籍所在地江苏省盐城市盐都区张庄办事处×村,住江苏省盐城市盐都区张庄办事处×村,无固定职业。因本案于 2017 年 5 月 8 日被抓获,同日被刑事拘留,于 2017 年 6 月 12 日被逮捕,现羁押于深圳市南山区看守所。

辩护人姜某祥，江苏某律师事务所律师。

被告人李胖胖，男，汉族，1992年4月24日出生，身份证号码5221011992×××××××，初中文化，户籍所在地贵州省遵义市红花岗区万里路果林巷丰乐综合办公楼×栋×室，住贵州省遵义市红花岗区万里路静山巷×号，无固定职业。因犯非法控制计算机信息系统罪，2012年1月11日被浙江省台州市椒江区人民法院判处有期徒刑一年，与2012年9月21日刑满释放。因本案于2017年5月6日被抓获，同日被刑事拘留，于2017年6月12日被深圳市公安局逮捕，现羁押于深圳市南山区看守所。

辩护人彭某韩，广东某律师事务所律师。

深圳市南山区人民检察院以深南检刑诉〔2018〕395号起诉书指控被告人姚晓杰、李波、原晓辉、周继伟、原千、原赛赛、张婵婵、卢杨杨、丁虎子、董冬、李胖胖犯破坏计算机信息系统罪，于2018年3月14日向本院提起公诉，本院依法组成合议庭，公开开庭审理了本案。深圳市南山区人民检察院指派检察员杨杰出庭支持公诉，被告人姚晓杰及其辩护人周某、被告人李波及其辩护人黄某、被告人原晓辉及其辩护人施某、李某杰、被告人周继伟及其辩护人梁某忆、被告人原千及其辩护人汪某平、被告人原赛赛及其辩护人尹某服、被告人张婵婵及其辩护人舒某、被告人卢杨杨及其辩护人肖某品、被告人丁虎子及其辩护人刘某、李某艳、被告人董冬及其辩护人姜某祥、被告人李胖胖及其辩护人彭某韩出庭参加诉讼。本案现已审理终结。

经审理查明：2017年初，被告人原晓辉、姚晓杰受雇于"王老板"（具体身份不详）、赵黎（在逃），在老挝成立一个名为"暗夜小组"的黑客组织，赵黎为该组织的组织指挥者，负责提供经费、指定攻击目标；被告人原晓辉、姚晓杰负责该黑客组织的日常管理、接受上级指令；被告人周继伟负责电脑维护、软件调试等相关技术支持；被告人原千、衣立勇（另案处理）、赵乐（另案处理）在该组织中承担分析IP、操控"肉鸡"服务器进行"攻击"等工作；被告人李波负责向网络黑客收取被控制的"肉鸡"服务器（收量），以及测试收来的"肉鸡"服务器的攻击流量大小（测墙）；被告人原赛赛系该组织的财务人员，负责给组织内人员发放工资以及从事后勤工作；被告人张婵婵系被告人姚晓杰的妻子，其在老家开办银行卡帮助姚晓杰转账，并协助姚晓杰寻找联系高防防火墙或服务器用于攻击测试；被告人卢杨杨负责为该黑客组织做饭、搞卫生，后期帮忙分析IP。

被告人丁虎子、董冬、李胖胖2016年以来非法入侵多台高效能网络服务器，并夺取控制权（俗称"抓肉鸡"）。然后，三人再利用租赁来的控制端服务器控制"肉鸡"，并出售"肉鸡"控制权牟利。2017年始，被告人姚晓杰、李波、衣立勇等"暗夜小组"成员向丁虎子、董冬、李胖胖等黑客不断"收量"，用支付宝转账给其作为"收量"费用。

被告人姚晓杰、李波、原晓辉、周继伟、原千、原赛赛、卢杨杨于2017年初分别从国内来到老挝，住进由"王老板"提供的别墅，并实行封闭式管理，在赵黎的组织指挥下，团伙成员分工负责、互相配合，按月领取6000元到2万元不等的月工资，通过"收量"（即向国内的黑客非法购买"肉鸡"服务器的控制权），获取大量的服务器资源，再利用木马软件操控"收量"来的控制端服务器，集合控制端服务器下的多台"肉鸡"持续攻击特定的目标IP，阻塞网络（简称"DDOS"攻击），致使该目标 IP 的服务器网络瘫痪。"暗夜小组"主要针对国内的网上棋牌游戏的服务器进行"DDOS"攻击，导致棋牌游戏的服务器瘫痪。"暗夜小组"利用"收量"的 14 台控制端服务器分别于 2017 年 2 月 26 日、3 月 15 日、3 月 16 日对腾讯云服务器持续进行"DDOS"攻击，致使在腾讯云运营的"微乐""途游""颗豆"三家网上游戏公司被封堵 IP，无法正常运作。

经鉴定，腾讯公司向客户退费造成的经济损失为人民币 114358 元；腾讯公司为尽快恢复云服务的正常运营而支出 9 名工作人员的工资费用为人民币 47170 元。

另查，被告人姚晓杰于 2017 年 2 月 19 日出境前往老挝，2017 年 4 月 3 日入境回国，于 2017 年 4 月 12 日再次出境前往老挝，2017 年 6 月 16 日入境回国；被告人李波于 2017 年 3 月 9 日出境前往老挝，2017 年 6 月 16 日入境回国；被告人原晓辉于 2016 年 8 月 8 日出境前往老挝，2017 年 9 月 15 日入境回国时被抓获；被告人周继伟于 2017 年 2 月 4 日出境前往老挝，2017 年 2 月 9 日入境回国，2017 年 2 月 19 日出境前往老挝，2017 年 9 月 15 日入境回国时被抓获；被告人原千于 2016 年 4 月 14 日出境前往老挝，2016 年 10 月 1 日入境回国，2017 年 3 月 15 日再次出境前往老挝，2017 年 6 月 17 日入境回国，并于 2017 年 6 月 21 日到河南省济源市公安局北海分局投案自首；原赛赛于 2017 年 3 月 18 日出境前往老挝，2017 年 6 月 16 日入境回国；卢杨杨于 2017 年 3 月 8 日出境前往老挝，2017 年 6 月 16 日入境回国。

上述事实，各被告人在庭审中并无异议，并有受案登记表，立案决定书，报案材料，系统异常流量事件的分析报告，抓获经过，到案经过，被告人的身份信息和前科材料，在线途游公司、微乐星空公司和颗豆公司提交的资料,搜查证,搜查笔录,扣押决定书,扣押清单,支付宝开户信息和交易流水,银行开户信息和交易流水,出入境记录,情况说明一批,证人李某、刘某华、马某、衣立勇、赵乐、韩某的证言,被害人周某的陈述;被告人姚晓杰、李波、原晓辉、周继伟、原千、原赛赛、张婵婵、卢杨杨、丁虎子、董冬、李胖胖的供述和辩解,广东安证计算机司法鉴定所出具的鉴定意见书,深圳市中衡信资产评估有限公司评估意见书、资产评估报告书等,网络勘查工作记录及照片,检查笔录,证人、被告人的辨认笔录,电子数据光盘一批等证据予以证实,足以认定。

公诉机关认为,被告人姚晓杰、李波、原晓辉、周继伟、原千、原赛赛、张婵婵、卢杨杨、丁虎子、董冬、李胖胖违反国家规定,使用"DDOS"攻击对计算机信息系统功能进行干扰,造成计算机信息系统不能正常运行,后果特别严重,其行为构成破坏计算机信息系统罪。被告人原千犯罪以后自动投案,如实供述自己的罪行,应当认定为自首,可以从轻或者减轻处罚。被告人姚晓杰、李波、原晓辉、周继伟、原千、原赛赛、张婵婵、卢杨杨、丁虎子、董冬、李胖胖在共同犯罪中起辅助作用,是从犯,应当从轻、减轻处罚或者免除处罚。公诉机关建议对被告人姚晓杰、李波、原晓辉、周继伟判处三年以下有期徒刑,对被告人原千、原赛赛、张婵婵、卢杨杨、丁虎子、董冬、李胖胖判处一年以下有期徒刑。

被告人姚晓杰的辩护人辩称:(1)鉴定报告显示的经济损失是腾讯公司给三家公司的退费损失,该证据不能直接证明被害单位的直接损失,不能作为腾讯公司经济损失的证据使用;(2)姚晓杰系从犯,参与时间短,归案后如实供述,认罪态度好,且系初犯、偶犯。综上，建议对其在一年六个月以内量刑。

被告人李波的辩护人辩称：（1）对本案的罪名没有异议；（2）李波在3月中旬才到老挝，并没有真正参与涉案的攻击行为，也没有做过收量的工作；（3）李波在犯罪中未起到主要作用，每月工资仅6000元，量刑建议过重；（4）李波认罪、悔罪态度较好，如实供述自己的罪行，且无犯罪前科。综上，请求对其予以从轻处罚或者缓刑。

被告人原晓辉的辩护人辩称：（1）现有证据不能认定"微乐""途游""颗豆"三家网络游戏公司遭受的攻击均是"暗夜小组"成员发动的；（2）即便认定"暗夜小组"成员参与对三家网络游戏公司的攻击，也不能将腾讯公司向客户退费人民币114358元认定为本案的经济损失，而对第二次金额为47170元的损失鉴定报告，其鉴定标准是被害公司支付的员工工资，对该批员工在该时间段的工作情况及工资情况均没有相关证据证明，且"暗夜小组"攻击量仅占其中的一小部分，不应将全部损失计算在被告人身上；（3）综合全案考虑，原晓辉应认定为从犯，应当从轻、减轻处罚或者免除处罚；（4）原晓辉的行为符合自首的条件，亦应考虑其具有自首情节，即便未认定原晓辉构成自首，其自愿如实供述自己的全部罪行，也应认定其具有坦白情节；（5）鉴于原晓辉具有诸多法定减轻、从轻处罚及酌定从轻处罚情节，且对其宣告缓刑对居住社区没有重大不良影响，建议对其适用缓刑。

被告人周继伟的辩护人辩称：（1）周继伟没有犯罪的初衷；（2）周继伟只是修理电脑，并未参与对云服务器的攻击；（3）周继伟能如实供述自己的罪行，有深刻的悔罪表现。综上，建议对其从轻处罚。

被告人原千的辩护人辩称：（1）原千没有参与2017年3月16日之前的犯罪行为，在犯罪中所起作用小，属从犯；（2）原千犯罪情节轻微，具有自首情节，系初犯、偶犯，归案后认罪态度好。综上，建议对其适用缓刑。

被告人原赛赛的辩护人辩称：（1）原赛赛归案后如实供述，认罪态度好，系初犯、偶犯；（2）原赛赛在本案中起次要和辅助作用，是从犯。综上，建议对其适用缓刑。

被告人卢杨杨的辩护人辩称：（1）卢杨杨没有直接参与攻击行为，只是做厨师等后勤工作；（2）在时间上卢杨杨也不可能参与涉案的三次攻击；（3）卢杨杨系初犯、从犯。

被告人张婵婵的辩护人辩称：（1）没有证据证明张婵婵与其他被告人直接建立了共同破坏计算机信息系统的犯罪意图；（2）张婵婵系初犯，主观犯意不明显；（3）张婵婵在本案中作用小，社会危害性小；（4）张婵婵家庭困难，夫妻二人同时被羁押，建议对其免刑或适用缓刑。

被告人丁虎子的辩护人辩称：（1）丁虎子到案后如实供述，应认定为坦白；（2）丁虎子主动提供线索，配合调查，认罪态度好；（3）"暗夜小组"从丁虎子等人处获得的流量在本案攻击中所占比例很小，考虑"肉鸡"可以重复利用的情况，其比例更小。

被告人董冬的辩护人辩称：（1）董冬系从犯，到案后如实供述，认罪态度好；（2）董冬系初犯、偶犯；（3）董冬认罪、悔罪态度好；（4）董冬是在校学生，主观恶性小；（5）建议对其在一年以下有期徒刑量刑。

被告人李胖胖的辩护人辩称：（1）李胖胖系从犯；（2）李胖胖归案后认罪态度好；（3）建议对其在一年有期徒刑以内

量刑。

　　本院认为，姚晓杰、李波、原晓辉、周继伟、原千、原赛赛、张婵婵、卢杨杨、丁虎子、董冬、李胖胖违反国家规定，使用"DDOS"攻击对计算机信息系统功能进行干扰，造成计算机信息系统不能正常运行，后果严重，其行为构成破坏计算机信息系统罪。公诉机关指控的犯罪事实清楚，证据确实、充分，指控罪名成立。关于腾讯公司向客户退费人民币114358元，因该项费用支出的标准及依据不明，不应作为认定本案经济损失的依据，对辩护人的相关辩护意见，本院予以采纳。关于腾讯公司为修复系统数据、功能而支出的员工工资人民币47170元，该费用系因本案犯罪所产生的必要费用，可作为认定本案经济损失的依据。同时，辩护人关于腾讯公司产生的修复费用可能与其员工工资部分混同，且被告人所造成的攻击仅为腾讯云服务器所受攻击的一部分的辩护意见，亦存在一定的合理性，本院在量刑时酌情予以考虑。本案各被告人均在共同犯罪中起辅助作用，是从犯，依法予以从轻处罚。被告人原千自动投案，并如实供述自己的罪行，系自首，依法予以从轻处罚。被告人李胖胖在被判处有期徒刑的刑罚执行完毕五年以内再犯本罪，系累犯，依法予以从重处罚。本案各被告人均当庭认罪，悔罪表现明显，本院依法从轻处罚。综合本案造成的经济损失、各被告人的职责及所起的作用大小、认罪态度等事实情节及公诉机关的量刑建议，依据《中华人民共和国刑法》第二百八十六条第一款、第二十七条、第六十七条第一款、第三款、第六十五条第一款之规定，判决如下：

　　一、被告人姚晓杰犯破坏计算机信息系统罪，判处有期徒刑二年。（刑期从判决执行之日起计算。判决执行以前先行羁押的，羁押一日折抵刑期一日，即自2017年6月19日起执行至

2019 年 6 月 18 日止。)

二、被告人原晓辉犯破坏计算机信息系统罪，判处有期徒刑二年。(刑期从判决执行之日起计算。判决执行以前先行羁押的，羁押一日折抵刑期一日，即自 2017 年 9 月 15 日起执行至 2019 年 9 月 14 日止。)

三、被告人李胖胖犯破坏计算机信息系统罪，判处有期徒刑一年四个月。(刑期从判决执行之日起计算。判决执行以前先行羁押的，羁押一日折抵刑期一日，即自 2017 年 5 月 6 日起执行至 2018 年 9 月 5 日止。)

四、被告人李波犯破坏计算机信息系统罪，判处有期徒刑一年三个月。(刑期从判决执行之日起计算。判决执行以前先行羁押的，羁押一日折抵刑期一日，即自 2017 年 6 月 17 日起执行至 2018 年 9 月 16 日止。)

五、被告人周继伟犯破坏计算机信息系统罪，判处有期徒刑一年三个月。(刑期从判决执行之日起计算。判决执行以前先行羁押的，羁押一日折抵刑期一日，即自 2017 年 9 月 15 日起执行至 2018 年 12 月 14 日止。)

六、被告人丁虎子犯破坏计算机信息系统罪，判处有期徒刑一年三个月。(刑期从判决执行之日起计算。判决执行以前先行羁押的，羁押一日折抵刑期一日，即自 2017 年 5 月 8 日起执行至 2018 年 8 月 7 日止。)

七、被告人原千犯破坏计算机信息系统罪，判处有期徒刑一年二个月。(刑期从判决执行之日起计算。判决执行以前先行羁押的，羁押一日折抵刑期一日，即自 2017 年 6 月 21 日起执行至 2018 年 8 月 20 日止。)

八、被告人董冬犯破坏计算机信息系统罪，判处有期徒刑一年二个月。(刑期从判决执行之日起计算。判决执行以前先行羁押的,羁押一日折抵刑期一日,即自 2017 年 5 月 8 日起执行至 2018 年 7 月 7 日止。)

九、被告人原赛赛犯破坏计算机信息系统罪,判处有期徒刑一年。(刑期从判决执行之日起计算。判决执行以前先行羁押的,羁押一日折抵刑期一日,即自 2017 年 6 月 18 日起执行至 2018 年 6 月 17 日止。)

十、被告人张婵婵犯破坏计算机信息系统罪,判处有期徒刑一年。(刑期从判决执行之日起计算。判决执行以前先行羁押的,羁押一日折抵刑期一日,即自 2017 年 6 月 20 日起执行至 2018 年 6 月 19 日止。)

十一、被告人卢杨杨犯破坏计算机信息系统罪,判处有期徒刑一年。(刑期从判决执行之日起计算。判决执行以前先行羁押的,羁押一日折抵刑期一日,即自 2017 年 6 月 18 日起执行至 2018 年 6 月 17 日止。)

如不服本判决,可在接到判决书的第二日起十日内,通过本院或者直接向广东省深圳市中级人民法院提出上诉。书面上诉的,应当提交上诉状正本一份,副本二份。

二○一八年六月八日

第二部分

最高人民检察院
第十八批指导性案例解读

《最高人民检察院第十八批指导性案例》解读

张晓津 余 岚*

为进一步加大对网络犯罪的打击力度，不断增强检察机关对网络安全的保障能力，有效解决网络犯罪专业知识复杂、争议问题多、办理难度大等问题，经第十三届检察委员会第三十一次会议审议通过，最高人民检察院发布以打击网络犯罪为主题的第十八批指导性案例，包括张凯闵等52人电信网络诈骗案等三个案例。对其理解与适用，作如下解读。

一、发布第十八批指导性案例的背景和意义

（一）出台背景

随着互联网的快速发展和智能手机的普及应用，网络日益成为人们工作、生活的重要组成部分，互联网给人们带来便捷的同时，利用信息网络实施的新型违法犯罪活动日益增多，部分传统刑事犯罪日益向互联网迁移。近年来，检察机关办理的网络犯罪案件数量逐年大幅上升，年平均增幅达34%以上，已严重危害国家安全、经济安全、金融安全和社会安全。

习近平总书记指出："没有网络安全就没有国家安全""过

---

* 张晓津，最高人民检察院第一检察厅副厅长；余岚，最高人民检察院第一检察厅干部。

不了互联网这一关，就过不了长期执政这一关"。党的十九大提出要"建立网络综合治理体系，营造清朗的网络空间"。按照党中央决策部署，各级检察机关始终把惩治和防范网络犯罪、维护网络安全、推进网络治理体系和治理能力现代化工作摆在突出位置。新型网络犯罪具有专业化、公司化、智能化等特点，犯罪手段技术化程度高、隐蔽性强，这就要求承办检察官既要精通相关法律规定，也要懂得与新型网络犯罪相关的专业知识，唯有如此才能实现对新型网络犯罪的有力打击和精准打击。为此，最高人民检察院在总结近年来检察机关办理的网络犯罪案件的基础上，选取了张凯闵等 52 人电信网络诈骗案等三个案件，作为指导性案例予以发布。需要说明的是，网络科技日新月异，新型网络犯罪也不断"更新换代"，我们选取的三个案例中涉及的犯罪手段、犯罪方式有的可能已"过时"，但是办案理念、办案思路、办案方法等仍具有指导意义。

（二）发布第十八批指导性案例的主要意义

网络空间绝非"法外之地"，不能成为违法犯罪的温床。最高检围绕打击网络犯罪为主题制发指导性案例，具有以下四方面意义：

一是表明检察机关依法严厉打击网络犯罪的立场。近年来，检察机关认真贯彻落实党中央的决策部署，依法严厉打击了一大批网络犯罪。但随着网络技术不断革新，网络犯罪手段不断翻新，新型网络犯罪不断涌现。检察机关针对办案中的新情况新问题，不断总结应对网络犯罪的新策略，三年间围绕打击网络犯罪为主题先后两次编发指导性案例，充分表明检察机关依法打击网络犯罪的坚定决心。

二是展示检察机关参与网络社会治理的新成效。网络犯罪严重侵害机关、企业和人民群众的合法权益,严重扰乱生产生活秩序和社会公共秩序,具有极大的社会危害性。为维护正常网络秩序,各级检察机关充分履行职能,积极探索具有检察特色的网络空间治理模式,不断提升网络空间治理能力,扎实推进网络空间治理法治化、现代化,成效有目共睹。此次发布的案例集中反映了近年来检察机关打击网络犯罪在事实认定、证据运用、法律适用和办案方法等方面的经验,充分展示了检察机关参与网络社会治理的新成效。

三是为各级检察机关依法办理新型网络犯罪案件提供参考和借鉴。网络犯罪的法律适用往往融合了对互联网专业技术的理解,一些检察人员因为对网络犯罪的特点和技术原理研究不够,导致对法律和司法解释的理解和适用不够准确。此次发布的案例,一个是全国首例从境外将台湾籍犯罪嫌疑人押解回大陆进行司法审判的电信网络诈骗案,一个是全国首例撞库打码案,一个是全国首例全链条打击黑客跨境攻击案。这三个案例作为相关领域的首例案例,不仅从法律和互联网技术两个维度阐释了新型网络犯罪常见的法律适用和技术认定问题,还完整重现了检察机关发挥主导作用,成功指控和证明犯罪的过程。良好的办案效果,为各级检察机关办理同类或者类似案件提供了示范和指引。

四是有利于增强广大人民群众的法治观念,提高人民群众的网络安全意识。网络安全为人民,网络安全靠人民。防治网络犯罪离不开广大人民群众的支持和配合,更依赖于人民群众对新型网络违法犯罪行为模式的了解和自觉防范。此次发布的案例通过揭示电信网络诈骗、撞库打码、DDoS攻击等新型多发网络犯罪及其背后黑色产业链的组织、运行、获利模式,帮助广大群众充分认识网络犯罪的本质特征和社会危害,引导群众规范网络行为,提高防范网络犯罪的意识。

二、第十八批指导性案例的主要情况

第十八批指导性案例包括张凯闵等52人电信网络诈骗案等三个案例,具体案情及阐明的要旨简要说明如下。

(一)张凯闵等52人电信网络诈骗案

该案要旨:跨境电信网络诈骗犯罪往往涉及大量的境外证据和庞杂的电子数据。对境外获取的证据应着重审查合法性,对电子数据应着重审查客观性。主要成员固定,其他人员有一定流动性的电信网络诈骗犯罪组织,可认定为犯罪集团。

该案基本案情:2015年6月至2016年4月间,被告人张凯闵等52人先后在印度尼西亚共和国和肯尼亚共和国参加对中国大陆居民进行电信网络诈骗的犯罪集团。在实施电信网络诈骗过程中,各被告人分工合作,其中部分被告人负责利用电信网络技术手段对大陆居民的手机和座机电话进行语音群呼,群呼的主要内容为"有快递未签收,经查询还有护照签证即将过期,将被限制出境管制,身份信息可能遭泄露"等。当被害人按照语音内容操作后,电话会自动接通冒充快递公司客服人员的一线话务员。一线话务员以帮助被害人报案为由,在被害人不挂断电话时,将电话转接至冒充公安局办案人员的二线话务员。二线话务员向被害人谎称"因泄露的个人信息被用于犯罪活动,需对被害人资金流向进行调查",欺骗被害人转账、汇款至指定账户。如果被害人对二线话务员的说法仍有怀疑,二线话务员会将电话转给冒充检察官的三线话务员继续实施诈骗。至案发,张凯闵等被告人通过上述诈骗手段骗取75名被害人钱款共计人民币2300

余万元。

该案办理中，检察机关针对电子数据无污损鉴定意见的鉴定起始基准时间晚于犯罪嫌疑人的归案时间，证明被害人与诈骗犯罪组织间关联性的证据调取不完整、各犯罪嫌疑人参加诈骗犯罪组织的具体情况不明确等问题，要求公安机关补充侦查。通过一系列工作，最终核实了电子数据的客观性、准确认定了全案75名被害人，明确了各犯罪嫌疑人在诈骗犯罪集团中的分工和作用。

（二）叶源星、张剑秋提供侵入计算机信息系统程序、谭房妹非法获取计算机信息系统数据案

该案要旨：对有证据证明用途单一，只能用于侵入计算机信息系统的程序，司法机关可依法认定为"专门用于侵入计算机信息系统的程序"；难以确定的，应当委托专门部门或司法鉴定机构作出检验或鉴定。

该案基本案情：2015年1月，被告人叶源星编写了用于批量登录某电商平台账户的"小黄伞"撞库软件（"撞库"是指黑客通过收集已泄露的用户信息，利用账户使用者相同的注册习惯，如相同的用户名和密码，尝试批量登录其他网站，从而非法获取可登录用户信息的行为）供他人免费使用。"小黄伞"撞库软件运行时，配合使用叶源星编写的打码软件（"打码"是指利用人工大量输入验证码的行为）可以完成撞库过程中对大量验证码的识别。叶源星通过网络向他人有偿提供打码软件的验证码识别服务，同时将其中的人工输入验证码任务交由被告人张剑秋完成，并向其支付费用。2015年1月至9月，被告人谭房妹通过下载使用"小黄伞"撞库软件，向叶源星购买打码服务，获取到某电商平台用户信息2.2万余组。被告人叶源星、张剑秋通

过实施上述行为，从被告人谭房妹处获取违法所得共计人民币4万余元。谭房妹通过向他人出售电商平台用户信息，获取违法所得共计人民币25万余元。法院审理期间，叶源星、张剑秋、谭房妹退缴了全部违法所得。

该案办理中，检察人员发现案件已不具备侦查实验和司法鉴定的条件。为了依法打击犯罪，检察机关通过退回补充侦查和自行侦查，补强了证实"小黄伞"软件运行原理和功能特征的证据，为提起公诉夯实了基础。针对辩护人提出张剑秋与叶源星没有共同犯罪故意的辩护意见，检察机关补强了相关证据，在此基础上，不仅确认张剑秋与叶源星系共同犯罪，还认定公安机关对叶源星、张剑秋移送起诉适用的罪名不准确。最终，检察机关以被告人叶源星、张剑秋均构成提供侵入计算机信息系统程序罪，且系共同犯罪，被告人谭房妹构成非法获取计算机信息系统数据罪，向法院提起公诉。

（三）姚晓杰等11人破坏计算机信息系统案

该案要旨：为有效打击网络攻击犯罪，检察机关应加强与公安机关的配合，及时介入侦查引导取证，结合案件特点提出明确具体的补充侦查意见。对被害互联网企业提供的证据和技术支持意见，应当结合其他证据进行审查认定，客观全面准确认定破坏计算机信息系统罪的危害后果。

该案基本案情：2017年初，被告人姚晓杰等人接受王某某（另案处理）雇佣，招募多名网络技术人员，在境外成立"暗夜小组"黑客组织。"暗夜小组"从被告人丁虎子等3人处购买大量服务器资源，再利用木马软件操控控制端服务器实施DDoS攻击（指黑客通过远程控制服务器或计算机等资源，对目标发动高频服务请求，使目标服务器因来不及处理海量请求而瘫痪）。

2017年2—3月间,"暗夜小组"成员三次利用14台控制端服务器下的计算机,持续对某互联网公司云服务器上运营的三家游戏公司的客户端IP进行DDoS攻击。攻击导致三家游戏公司的IP被封堵,出现游戏无法登录、用户频繁掉线、游戏无法正常运行等问题。为恢复云服务器的正常运营,某互联网公司组织人员对服务器进行了抢修并为此支付4万余元。

本案是近年来DDoS犯罪呈现出技术化、产业化、专业化、境外化趋势并且隐蔽性增强的典型案例。本案存在取证难、证明难、法律适用难等问题,依靠传统办案思路查清犯罪的全部链条存在困难,证据链条的不完整也给检察机关指控犯罪带来难题。该案办理中,检察机关发挥诉前引导作用,最大限度向侦查靠近,就证据收集、事实认定、法律适用等问题提出意见,引导公安机关全面、客观、合法收集证据。同时,借助互联网公司以技术对抗技术,为案件证据的审查运用厘清了思路,也使当初拒不认罪的被告人最终认罪服法。

三、第十八批指导性案例涉及的相关问题

(一)张凯闵等52人电信网络诈骗案

一是明确对境外实施犯罪的证据应着重审查是否符合我国刑事诉讼法的相关规定。对能够证明案件事实且符合刑事诉讼法规定的,可以作为证据使用。对基于条约、司法互助协定、两岸司法互助协议或通过国际组织委托调取的证据,及对当事人及其辩护人、诉讼代理人提供的来自境外的证据材料的审查方法作了区分和进一步明确。二是明确对电子数据应重点审查客观性。要求重点审查存储介质的真实性,审查电子数据本身是否客观、真

实、完整，审查电子数据内容的真实性。三是明确围绕电话卡和银行卡审查认定案件事实。通过电话卡、银行卡建立被害人与诈骗犯罪组织间的关联，认定诈骗数额。四是明确有明显首要分子，主要成员固定，其他人员有一定流动性的电信网络诈骗犯罪组织，可以认定为诈骗犯罪集团。

（二）叶源星、张剑秋提供侵入计算机信息系统程序、谭房妹非法获取计算机信息系统数据案

案例明确了司法人员对"专门用于侵入计算机信息系统的程序"作认定时需要的证据：一是从被扣押、封存的涉案电脑、U盘等原始存储介质中收集、提取相关的电子数据。二是对涉案程序、被侵入的计算机信息系统及电子数据进行勘验、检查后制作的笔录。三是能够证实涉案程序的技术原理、制作目的、功能用途和运行效果的书证材料。四是涉案程序的制作人、提供人、使用人对该程序的技术原理、制作目的、功能用途和运行效果进行阐述的言词证据，或能够展示涉案程序功能的视听资料。五是能够证实被侵入计算机信息系统安全保护措施的技术原理、功能以及被侵入后果的专业人员的证言等证据。六是对有运行条件的，应要求公安机关进行侦查实验。同时案例还明确了审查认定"专门用于侵入计算机信息系统的程序"，应当注意的三点事项，具体包括：应结合被侵入的计算机信息系统的安全保护措施，分析涉案程序是否具有侵入的目的，是否具有避开或者突破计算机信息系统安全保护措施的功能。应结合计算机信息系统被侵入的具体情形，查明涉案程序是否在未经授权或超越授权的情况下，获取计算机信息系统数据。应分析涉案程序是否属于"专门"用于侵入计算机信息系统的程序。

（三）姚晓杰等 11 人破坏计算机信息系统案

一是立足网络攻击犯罪案件特点，引导公安机关收集调取证据。对证明网络攻击犯罪发生、证明危害后果达到追诉标准的证据，可委托专业技术人员进行检验、鉴定，并结合其他证据明确网络攻击类型、攻击特点和攻击后果。对认定攻击事实和攻击结果间因果关系的证据，可通过溯源分析，比对犯罪嫌疑人网络身份与现实身份，比对被害人受到的攻击与犯罪嫌疑人实施攻击的类型、特点和时间，结合网络攻击后被害人受到威胁等证据认定。对网络犯罪的共同犯罪，应重点审查各犯罪嫌疑人的供述和辩解、通过审查自供和互证的情况以及与其他证据间的印证情况，查明各犯罪嫌疑人间的犯意联络、分工和作用，准确认定主、从犯。对需要退回补充侦查的，应明确列出每项证据的补侦目的以及需要开展的工作，适时与公安机关面对面会商，了解和掌握补充侦查工作的进展，共同研究分析补充到的证据是否符合起诉和审判的标准和要求。二是对被害单位提供的证据和技术支持意见需结合其他在案证据作出准确认定。对既是受害方也是技术支持协助方的互联网企业提供的证据，要注意审查取证过程的规范性；一般应当聘请专门机构对证据的完整性进行鉴定。如条件不具备，应要求被害单位对证据作出说明，结合在案其他证据作对照分析，确保不存在人为改变案件事实的情形。三是在办理破坏计算机信息系统犯罪案件时，检察机关应及时引导公安机关从扰乱公共秩序的角度，收集、固定能够证实受影响的计算机信息系统数量或用户数量、受影响或被攻击的计算机信息系统不能正常运行的累计时间、对被害企业造成的影响等证据，对危害后果作出客观、全面、准确认定，做到罪责相当、罚当其罪，使被告人受到应有惩处。

严厉打击网络犯罪,共同防控网络风险[*]

——《最高人民检察院第十八批指导性案例》理解与适用

时间地点:2020 年 4 月 8 日　最高人民检察院

内　　容:最高人民检察院召开第十八批指导性案例新闻发布会,通报全国检察机关打击网络犯罪工作情况,发布第十八批指导性案例,并回答记者提问。

出席人员:苗生明　最高人民检察院第一检察厅厅长
　　　　　张晓津　最高人民检察院第一检察厅副厅长
　　　　　蒋星伟　北京市人民检察院第二分院第四检察部主任、三级高级检察官

主 持 人:王松苗　最高人民检察院办公厅(新闻办)主任、新闻发言人

[王松苗] 各位记者朋友久违了,非常时期,常态发布。感谢各位记者在应对新冠肺炎疫情期间参加最高检新闻发布会。这些天来,我们发布的八批妨害新冠肺炎疫情防控犯罪典型案例,都得到了在座的各位记者朋友、各家媒体的充分报道,还有远程的一些记者媒体的报道,借此机会表示衷心感谢!

今天发布会的主题是"严厉打击网络犯罪,共同防控网络

---

[*] 该部分选自最高人民检察院"严厉打击网络犯罪,共同防控网络风险"主题新闻发布会内容,收录本书时略作修改。

风险"。出席发布会的嘉宾是：最高人民检察院第一检察厅厅长苗生明、副厅长张晓津，北京市人民检察院第二分院第四检察部主任、三级高级检察官蒋星伟。

出于疫情防控需要，今天我们邀请了部分记者朋友来到发布会现场，特别感谢大家。更多记者朋友可以通过观看"最高检网上新闻发布会"图文直播方式参加。

我们今天召开的发布会，是最高检第二次以"打击网络犯罪"指导性案例为主题召开的新闻发布会，这个发布会还是新冠肺炎疫情发生以来召开的第二场新闻发布会。共有三项议程：一是通报全国检察机关打击网络犯罪工作情况；二是发布最高检第十八批指导性案例，简要介绍案例相关情况；三是回答记者提问。

网络安全是事关国家安全的重大战略问题。习近平总书记指出："没有网络安全就没有国家安全，没有信息化就没有现代化""过不了互联网这一关，就过不了长期执政这一关"。信息网络的普及，大大方便了我们的工作、学习和生活，但与此同时，随着短视频、线上直播、网络游戏、网络课堂等加速发展，特别是5G网络逐渐普及商用，利用信息网络实施的新型违法犯罪活动日益增多，部分传统刑事犯罪日益向互联网迁移，"技术"被异化为"骗术"的事情层出不穷，网络犯罪已成为一个无法回避的科技之殇。

网络犯罪主要是利用网络、针对网络和在网络空间进行的各种犯罪，包括危害计算机信息系统安全犯罪、电信网络诈骗、网络盗窃、网络赌博、网络侵犯公民个人信息等。这些犯罪近年呈高发多发态势，全方位全时段作案，严重危害国家安全和人民群众合法权益，社会各界对此深恶痛绝。但网络空间并非"法外之地"，建设网络强国，决不能让网络成为违法犯罪的温床。

党的十九大提出要"建立网络综合治理体系，营造清朗的网络空间"。2020年初召开的中央政法工作会议明确提出，当前要把防控新型网络安全风险摆在突出位置来抓，提升网络社会综合治理能力，不断健全网络社会综合防控体系。作为推进法治建设的主要力量、参与社会治理的重要成员，惩治和防范网络犯罪、维护网络安全、推进网络治理体系和治理能力现代化，是检察机关义不容辞的政治责任和法治责任。可以说，网络治理涉及刑事、民事、行政、公益诉讼四大检察职能。为更有力地依法惩治网络犯罪，大家从新闻中已经看到，昨天最高检成立了由三名院领导领衔，机关多个部门参加的惩治网络犯罪维护网络安全研究指导组，并在最高检检察理论研究所设立网络犯罪理论研究中心，统筹协调做好深化打击惩治网络犯罪的各项工作。新冠肺炎疫情期间，检察机关对网络犯罪始终保持高压态势，依法严惩涉疫情的网络犯罪。

截至4月7日，全国检察机关共审查批准逮捕涉疫情刑事犯罪案件2718件3275人，审查提起公诉1862件2281人，其中依法批准逮捕诈骗罪1588件1675人，起诉881件926人，诈骗犯罪数量最多、占比最高，其中就有许多不法分子借助网络实施诈骗行为，有的几乎都是通过网上进行，一些人甚至包括年轻人，"动动手指就犯罪"、彼此不见面、作案易得手。据统计，近年检察机关办理的网络犯罪年均增幅达34%以上，可见网络治理的任务之重。

为把习总书记依法治网的要求落实落细落具体，全面依法治网，加强对各级检察机关办理网络犯罪案件的指导，震慑网络犯罪行为，不断增强检察机关保障网络安全的司法能力，最高检印发以打击网络犯罪为主题的第十八批指导性案例,供各级人民检察院参照适用。

现在进行第一项议程,请苗生明厅长向大家通报检察机关打击网络犯罪工作情况。

[苗生明]各位记者朋友们,大家好!习近平总书记指出:"没有网络安全就没有国家安全,就没有经济社会稳定运行,广大人民群众利益也难以得到保障。"维护网络安全,事关国家安全和社会公共利益,事关公民人身财产安全,事关现代化国家治理体系。

检察机关是宪法规定的国家法律监督机关,在依法打击网络犯罪、维护网络安全中肩负着重要职责。检察机关连续多年将严厉打击治理网络犯罪列为工作重点,与各类网络犯罪作坚决斗争。今天,最高人民检察院以"严厉打击网络犯罪,共同防控网络风险"为主题举行发布会,发布第十八批指导性案例。下面,我就2018年以来全国检察机关打击网络犯罪的主要工作情况向大家作一介绍。

一、2018年以来全国检察机关打击网络犯罪的主要工作情况

一是全链条、全方位打击网络犯罪。近年来,网络犯罪蔓延迅速,检察机关办理网络犯罪案件数量逐年大幅上升,年平均增幅达34%以上。2018年至2019年,检察机关共批准逮捕网络犯罪嫌疑人89167人,提起公诉105658人,较前两年分别上升78.8%和95.1%。网络犯罪高发多发已成为常态,这些犯罪严重侵害了人民群众的生命财产安全和合法权益。

检察机关充分履行批捕起诉职能,坚决遏制网络犯罪的高发蔓延势头。最高检联合有关部门共同开展打击治理电信网络新型

违法犯罪专项行动、"净网"专项行动、综合整治骚扰电话专项行动等,加大对网络"黑灰产"司法治理力度。2018年以来,最高检先后挂牌督办了社会广泛关注的电信网络诈骗案件和假借"金融创新""互联网+"的名义实施的金融诈骗案件共35件,多次派员赴当地就事实认定、证据收集完善固定、法律适用等问题进行督办指导,保证了案件顺利办理。

二是出台司法解释和指导意见,明确法律适用标准。2018年1月16日,最高检联合最高法、公安部和司法部发布《关于办理黑恶势力犯罪案件若干问题的指导意见》,对打击网络"水军"作了规定。2018年11月9日,最高检下发《检察机关办理电信网络诈骗案件指引》和《检察机关办理侵犯公民个人信息案件指引》,对证据的审查运用、电信网络诈骗和"公民个人信息"的认定、犯罪嫌疑人社会危险性和羁押必要性的审查工作进行了规范。

2019年7月16日,最高检印发《网络犯罪案件技术法律术语解释汇编(一)》,帮助检察人员准确理解和掌握网络技术术语及其在法律适用中的具体内涵。2019年10月25日,最高检联合最高法颁布《关于办理非法利用信息网络、帮助信息网络犯罪活动等刑事案件适用法律若干问题的解释》,针对拒不履行信息网络安全管理义务的主体及入罪标准、非法利用信息网络的客观行为方式的认定,进一步明确了法律标准,统一了司法尺度。

为贯彻落实今年中央政法工作会议提出的"要把防控新型网络安全风险摆在突出位置来抓"的要求,最高检成立由三名院领导分别担任组长、副组长,办公厅、第一检察厅、第二检察厅、第四检察厅、法律政策研究室和检察技术信息研究中心主要负责人为成员的惩治网络犯罪维护网络安全研究指导组,统筹协调做好深化打击整治新型网络犯罪的各项工作,全面加强检察机关打击网络犯罪的研究和指导。

三是加强办案队伍专业化建设,做好人才储备。2018年以来,检察机关自上而下进行内设机构改革,更加突出专业化建设,按照案件类型重新组建了专业化刑事办案机构。各级检察机关将网络犯罪案件交由专门部门或办案组办理,以有效提升指控网络犯罪的精准度和检察官的专业度。

2019年1月,最高检第一检察厅设立专门负责网络犯罪案件的办案组,加强对下办案指导。在人才培养方面,检察机关除依靠自身力量加大培训力度外,还委托院校或网络公司对青年检察官进行网络专业知识的深度培训。如北京市海淀区人民检察院通过建立"外脑"专家库和开展专家咨询提升办案质效;浙江省杭州市余杭区人民检察院定期选派检察官赴互联网公司学习交流;广东深圳等地检察机关还引进了一批具有网络技术知识背景的专业人才从事检察工作。专业化机构的建立和专业化队伍的培养,为检察机关精准打击网络犯罪注入了强大活力。

四是不断加强国际司法协作,打击跨境犯罪。最高检与多国检察机关加强协作,细化跨国跨境协助调查取证、缉捕遣返犯罪嫌疑人、涉案赃款赃物移交、证据转换及采信、司法文书送达等方面协助机制,形成打击网络犯罪合力。

2018年5月至6月间,最高检与公安部共同组团赴捷克、克罗地亚、匈牙利、斯洛文尼亚和波兰,推动上述国家将在当地实施电信网络诈骗犯罪的62名中国台湾地区犯罪嫌疑人遣返和引渡。2018年11月,最高检承办第五届世界互联网大会"大数据时代的个人信息保护"分论坛,形成了一系列有助于加强大数据时代个人信息保护的宝贵共识。

五是认真贯彻新时代"枫桥经验",立足办案积极参与网络社会治理。2019年8月,最高检与互联网企业联合开展防范新型电信网络诈骗公益行动"微反诈行动",来自北京、江苏、浙江、广东等地的5位检察官在线开课,教群众识别新型诈骗犯罪。四川、江苏、浙江等地深入研究网络犯罪的特点和规律,定期公布网络犯罪典型案例以案释法,既震慑了犯罪分子,也引导广大公民树立网络法治意识,帮助他们提升预防犯罪和甄别犯罪的能力。各地检察机关结合办案,向网络管理部门及时提出完善管理制度的检察建议,促进提高网络管理法治化、规范化水平。

当前,为服务保障疫情防控和经济社会发展大局,检察机关积极履行检察职能,打击了一大批涉疫情防控的刑事犯罪。截至目前,批捕的涉新冠肺炎疫情犯罪案件数、人数已分别达到"非典"时期的8倍和5倍左右。这次疫情发案数较多,主要原因是涉疫网络犯罪突出。在所有涉疫网络犯罪案件中,利用互联网实施诈骗、制假售假、造谣传谣等犯罪数量最多。

值得注意的是,借助网络传播的便捷性和隐蔽性,本次疫情期间诈骗犯罪发案量大幅增长,截至4月7日,全国检察机关依法批准逮捕诈骗罪1588件1675人,起诉881件926人,批捕的案件数和起诉的案件数分别占所有涉疫刑事犯罪案件的58.4%和47.3%。

二、下一步工作

下一步,各级检察机关要继续贯彻落实党的十九届四中全会对建立健全网络综合治理体系,提高网络治理能力的决策部署,按照2020年中央政法工作会议"把防控新型网络安全风险摆在突出位置来抓"的要求,扎实做好维护网络安全保护工作。

一是贯彻总体国家安全观,依法打击网络犯罪。深化打击整治电信网络诈骗、网络黄赌毒、网络套路贷等群众反映强烈的网络犯罪,依法严厉打击侵犯公民隐私、危害数据安全、窃取数据秘密以及各类妨害疫情防控的网络犯罪等,回应社会关切,震慑违法犯罪。进一步加强与网络监管部门和公安机关的协作配合,推动对网络犯罪的全链条打击。

加强行政执法与刑事司法的相互衔接,共同挤压网络犯罪滋生蔓延的空间。配合有关部门进一步完善跨境执法司法合作机制,坚决遏制网络犯罪高发势头,使人民的安全感更加充实、更有保障、更可持续。

二是大力推进网络犯罪检察工作规范化、制度化建设。修改完善《检察机关办理电信网络诈骗案件指引》和《检察机关办理侵犯公民个人信息案件指引》,对网络赌博犯罪案件的法律适用进行专题分析研判。更好发挥检察机关在审前程序中的主导责任、指控和证明犯罪的主体作用,提高引导侦查取证的针对性,促使网络犯罪案件侦查取证的质效不断提升。今年最高检拟再发布一批电信网络诈骗犯罪典型案例,更好发挥指引和警示作用。

三是进一步强化与有关单位在网络犯罪追赃挽损上的协同作战。网络犯罪往往涉案金额大,被害人数众多,对网络犯罪案件,既要精准打击又要妥善处置,办案中要对网络犯罪涉案款物进行专门审查。督促公安机关依法对网络犯罪赃款赃物进行查封、扣押、冻结,对违法所得及其孳息要依法予以追缴或者责令退赔,最大限度挽回受害群众损失。

四是积极参与社会治安防控体系建设。维护网络安全是全社会的共同责任,需要政府、企业、社会组织、广大网民共同参与。检察机关要会同有关政府、有关部门和社会组织,共同发力综合施策,共筑网络安全防线。要继续面向不同知识层次、不同年龄阶段人群开展更有针对性的防范网络犯罪法治宣传,提高群众的风险意识。要加强与互联网企业的技术合作,进一步提升检察机关参与网络社会综合治理的能力与效果。

[王松苗]谢谢苗生明厅长。下面进行第二项议程,发布以打击网络犯罪为主题的第十八批指导性案例。因案例已经作为发布会材料印发给大家,就不一一宣读了。

[张晓津]各位记者朋友好!为进一步加大对网络犯罪的打击力度,不断增强检察机关对网络安全的保障能力,有效解决网络犯罪案件专业知识复杂、争议问题多、办理难度大等问题,我们以打击网络犯罪为主题制发了最高人民检察院第十八批指导性案例。经最高人民检察院第十三届检察委员会第三十一次会议审议通过,今天正式发布。下面,我简要介绍案例的相关情况及指导意义。

1. 张凯闵等52人电信网络诈骗案

该案的基本案情是:2015年6月至2016年4月间,被告人张凯闵等52人先后在印度尼西亚共和国和肯尼亚共和国参加针对中国大陆居民进行电信网络诈骗的犯罪集团。在实施电信网络诈骗过程中,各被告人分工合作,其中部分被告人负责利用电信网络技术手段对大陆居民的手机和电话进行语音群呼,群呼的主要内容为"有快递未签收,经查询还有护照签证即将过期,将被限制出境管制,身份信息可能遭泄露"。

当被害人按照语音内容操作后,电话会自动接通冒充快递公司客服人员的一线话务员。一线话务员以帮助被害人报案为由,在被害人不挂断电话时,将电话转接至冒充公安局办案人员的二线话务员。二线话务员向被害人谎称"因泄露的个人信息被用于犯罪活动,需对被害人资金流向进行调查",欺骗被害人转账、汇款至指定账户。如果被害人对二线话务员的说法仍有怀疑,二线话务员会将电话转给冒充检察官的三线话务员继续实施诈骗。至案发,张凯闵等被告人通过上述诈骗手段骗取75名被害人钱款共计人民币2300余万元。

这是我国首例从境外将台湾籍犯罪嫌疑人押解回大陆进行司法审判的电信网络诈骗案。案件涉及大量的境外证据和庞杂的电子数据。该案指导意义在于四个方面:一是对境外证据应着重审查合法性。二是对电子数据应重点审查客观性。三是紧紧围绕电话卡和银行卡审查认定电信网络诈骗案件事实。四是有明显首要分子,主要成员固定,其他人员有一定流动性的电信网络诈骗犯罪组织,可以认定为诈骗犯罪集团。

2. 叶源星、张剑秋提供侵入计算机信息系统程序、谭房妹非法获取计算机信息系统数据案

该案基本案情是:2015年1月,被告人叶源星编写了用于批量登录某电商平台账户的"小黄伞"撞库软件供他人免费使用。"小黄伞"撞库软件运行时,配合使用叶源星编写的打码软件可以完成撞库过程中对大量验证码的识别。叶源星通过网络向他人有偿提供打码软件的验证码识别服务,同时将其中的人工输入验证码任务交由被告人张剑秋完成,并向其支付费用。

2015年1月至9月,被告人谭房妹通过下载使用"小黄伞"撞库软件,向叶源星购买打码服务,获取到某电商平台用户信息2.2万余组。被告人叶源星、张剑秋通过上述行为,从被告人谭房妹处获取违法所得共计人民币4万余元。谭房妹通过向他人出售该电商平台账户信息,获取违法所得共计人民币25万余元。法院审理期间,叶源星、张剑秋、谭房妹上交了全部违法所得。

该案是全国首例撞库打码案，案件的指导意义在于对有证据证明用途单一，只能用于侵入计算机信息系统的程序，司法机关可依法认定为"专门用于侵入计算机信息系统的程序"。案例对公安机关应当提供的证据和审查认定"专门用于侵入计算机信息系统的程序"的方法进行了明确。

3. 姚晓杰等 11 人破坏计算机信息系统案

该案基本案情是：2017 年初，被告人姚晓杰等人接受王某某（另案处理）雇佣，招募多名网络技术人员，在境外成立"暗夜小组"黑客组织。"暗夜小组"从被告人丁虎子等 3 人处购买大量服务器资源，再利用木马软件操控控制端服务器，实施 DDoS 攻击。

2017 年 2—3 月间，"暗夜小组"成员三次利用 14 台控制端服务器下的计算机，持续对某互联网公司云服务器上运营的三家游戏公司的客户端 IP 进行 DDoS 攻击，攻击导致三家游戏公司 IP 被封堵，出现游戏无法登录、用户频繁掉线、游戏无法正常运行等问题。为恢复云服务器的正常运营，某互联网公司组织人员对服务器进行了抢修并为此支付 4 万余元。

该案是全国首例全链条打击黑客跨境攻击案。该案的指导意义主要体现在三方面：一是为有效打击网络攻击犯罪，检察机关应加强与公安机关的配合，及时介入侦查引导取证，立足案件特点，提出明确具体的补充侦查意见。二是对被害互联网企业提供的证据和技术支持意见，需结合其他证据，进行审查认定。三是在办理破坏计算机信息系统犯罪案件时，检察机关应引导公安机关从扰乱公共秩序的角度，收集、固定能够客观、全面、准确证实网络攻击行为危害后果的证据，做到罪责相当、罚当其罪，使被告人受到应有惩处。

[王松苗] 谢谢张晓津副厅长。从晓津副厅长的介绍可以看出，与传统的刑事犯罪比较，网络犯罪具有主体智能、行为隐蔽、手段多样、犯罪连续、传播广泛等特点，对此，全国检察机关在依法惩治网络犯罪行为方面集中体现为"早""全""专"三个特点。

"早"就是对网络犯罪保持"打早打小"高压态势，发挥检察机关的诉前引导作用，在犯罪活动尚未形成规模时予以打击。"全"就是实现对网络犯罪的全链条惩治，涉及刑事、民事、行政、公益诉讼四大检察业务，针对网络犯罪分工细化、环环相扣的特点，加大对网络"黑灰产"司法治理力度，彻底斩断利益链条。"专"就是加强办案队伍专业化建设，将网络犯罪案件交由专门部门或办案组办理，并积极借助"外脑"，提升指控网络犯罪的精准度和检察官的专业度。

接下来进行第三项议程，请各位记者朋友提问。

[中央广播电视总台央视新闻记者] 这次发布会以打击网络犯罪为主题发布指导性案例，主要考虑是什么？

[苗生明] "互联网绝不是法外之地"，最高检围绕以打击网络犯罪为主题发布指导性案例，主要有四方面考虑：

一是充分表明检察机关依法严厉打击网络犯罪的立场。近年来，检察机关认真贯彻落实党中央的部署要求，依法严厉打击了一大批网络犯罪。但随着网络技术不断革新，网络犯罪手段不断翻新，新型网络犯罪不断涌现。检察机关针对办案中的新情况新问题，不断总结应对网络犯罪的新策略，三年间围绕打击网络犯罪为主题第二次制发指导性案例，充分表明检察机关对网络犯罪保持高压打击的坚定决心。

二是充分展示检察机关参与网络社会治理的新成效。为维护正常网络秩序，各级检察机关充分履行职能，积极探索具有检察特色的网络空间治理模式，不断提升网络空间治理能力，扎实推进网络空间治理法治化、现代化的水平。此次发布的案例集中反映了近年来检察机关打击网络犯罪在事实认定、证据运用、法律适用和办案方法等方面的经验做法。

三是为各级检察机关依法办理新型网络犯罪案件提供参考和借鉴。网络犯罪的法律适用往往融合了对互联网专业技术的理解，一些检察人员因为对网络犯罪的特点和技术原理研究不够，导致对法律和司法解释的理解和适用不够准确。信息时代与传统的工业时代相比，办案特点发生了重大变化。这就需要我们办案方法不断与时俱进。这次我们发布案例，期望对办理网络犯罪案件的方法达到指导性、引领性的效果。

此次发布的案例，有的是全国首例从境外将台湾籍犯罪嫌疑人押解回大陆进行司法审判的电信网络诈骗案，有的是全国首例撞库打码案，有的是全国首例全链条打击黑客跨境攻击案，这些案例法律性强、技术性也强，都是相关领域的首例案例，不仅从法律和互联网技术两个维度阐释了新型网络犯罪常见的法律适用和技术认定问题，还完整重现了检察机关发挥主导作用，成功指控和证明犯罪的过程。这些案件办案效果良好，为各级检察机关办理类似案件提供了示范和指引。

四是有利于增强广大群众的法治观念，提高群众的网络安全意识。防治网络犯罪离不开广大群众的支持和配合，更依赖于人民群众对新型网络违法犯罪行为模式的了解和自觉防范。此次发布的案例通过揭示电信网络诈骗、撞库打码、DDoS攻击等新型多发网络犯罪及其背后黑色产业链的组织、运行、获利模式，帮助广大群众充分认识网络犯罪的本质特征和社会危害，引导群众规范网络行为，提高防范网络犯罪的意识。

[检察日报社记者] 我国第一起跨境电信网络诈骗案是由北京市检察机关办理。此后北京市又办理了多起跨境电信网络诈骗案。想请承办检察官谈一谈北京市检察机关在办理此类案件中有什么好的经验做法？

[蒋星伟] 近年来，跨境电信网络诈骗案件呈现持续高发态势，为有效打击此类犯罪，北京市检察机关加强检察专业化建设，全面提升办理电信网络诈骗犯罪案件专业化水平，取得了良好的打击效果。我们的经验有两个方面：

第一个方面是打造专业化办案平台。注重发挥检察一体化机制，实行跨境电信网络诈骗案件一体化办案模式。坚持上下联动、横向配合，合理调配检力资源，采用专案组或检察官联合办案组协同办案的组合模式，跨部门、跨院抽调检察人员，由有丰富公诉业务经验并掌握计算机、互联网专业知识的检察人员办理跨境电信网络诈骗案件，推动专案专办、术业专攻，不断提升办案质效。

第二个方面是建立专业工作机制。一是与公安机关建立提前介入侦查工作机制，通过案件会商、引导取证等方式，在案件的侦查方向、取证标准、法律适用等方面发挥主导作用，确保案件质量和侦查方向。二是建立专业同步审查机制，针对专业性较强问题，请信息网络、电子数据鉴定等领域的专家，积极同步介入，为检察机关办案提供智力支持。三是建立辅助审查机制，北京检察机关科技信息中心为案件办理工作提供全方位科技支撑，由检察技术人员作为司法辅助人员全程跟随办案组介入案件办理，对涉及技术型证据问题进行审查，为办案组提供专业意见，解决技术难题。

通过以上做法，使北京市检察机关高效快捷地办理了一批跨境电信网络诈骗案件。并通过办案做到普及防范意识，确保财产安全。

[南方都市报记者] 疫情期间，中小学普遍采取网课的方式授课学习，有不少电信网络诈骗犯罪分子则借机混入学习群，假冒老师实施诈骗，请问对于此类犯罪公众应如何提高警惕避免被骗？

[苗生明] 受疫情影响各地延迟开学，不少学生都在家上起了网课。为了教学管理方便，老师和家长建立了学习群。一些不法分子潜入学习群，将自己的昵称、头像更换成与老师相同的样式，以交纳资料费、培训费为名，诈骗家长以及未成年学生的钱财。我们发布的第五批涉疫典型案例全是诈骗的案例，其中一个发生在江苏的案例就有完整体现。发生这类犯罪的主要原因有：家长和学生对网络应用的水平、知晓度参差不齐，对互联网安全存在认识盲区；一些学习群没有设置必要的验证步骤、群管理员有的时候会疏于管理，存在漏洞。

对这类趁火打劫、发国难财的行为，特别是针对孩子实施的犯罪行为，我们认为性质严重、情节恶劣，危害性非常大。因此检察机关坚决严厉打击。2月10日，最高检会同最高法、公安部、司法部印发《关于依法惩治妨害新型冠状病毒感染肺炎疫情防控违法犯罪的意见》，要求对包括电信网络诈骗在内的各类妨害疫情防控的犯罪行为依法从严从快打击，维护人民群众财产安全。在此，我们建议广大网民要注意关注媒体和司法机关发布的一些网络诈骗案例，了解常见的诈骗手法和诈骗特点，增强防骗意识。

在这里，我们再提两条防范建议：一是对家长们来说，收到此类信息时,一定要及时到学校网站核实或与老师电话沟通核实,不要在家长群中发布的来源不明的二维码上轻易的去付款,先弄清楚再付款。如果已经发现上当受骗,这种情况下都要第一时间报警。一些被害人因为被骗金额少不愿报警,会在一定程度上助长骗子的气焰。二是对教学机构和老师们来说,建立学习群是必要的,但是应设专人管理,设置入群验证,定期清理群内成员,对不应加入或未实名加入的人员予以提醒核实,必要时要删除;对聊天内容进行及时、全面的监督。

[人民日报记者] 刚刚苗厅长在通报时提到,疫情期间批准逮捕诈骗犯罪案件数占所有涉疫刑事犯罪案件的58.4%。请问疫情期间电信网络诈骗案件高发的原因是什么?

[张晓津] 通过网络提问也是一种新的形式,感谢提问。疫情期间,电信网络诈骗案件不仅案件数量多而且人数也多。案件高发多发有多方面原因:

一是电信网络诈骗属于不需要接触就能实施的犯罪,一些不法分子利用网络诈骗不见面的特点,更容易博取被害人的信任。同时,这种非接触使犯罪分子的道德感、约束感下降,侥幸心理增强。

二是随着新冠肺炎疫情的出现和暴发,各地普遍出现较大的物资缺口,比如我们发布的涉疫诈骗典型案件中,涉及口罩的诈骗案件居多,因为防控期间每个人都需要口罩。不法分子利用人们急需防护用品等心理实施诈骗。

三是疫情使人民群众宅在家中,对网络的依赖加大,网络购物、网络求职、网络贷款和居家上课成为一部分群众新的生活方式。不法分子利用人们疫情期间出行不便,购物、求职心切或信任老师等心理,诈骗成功率大大提高。

检察机关高度重视涉疫情违法犯罪的打击治理。2月6日，最高检联合最高法、公安部和司法部发布《关于依法惩治妨害新型冠状病毒感染肺炎疫情防控违法犯罪的意见》。各地检察机关也陆续出台了相关（司法）文件，要求对涉疫情犯罪依法从严打击。

针对疫情期间诈骗犯罪高发、多发的形势，最高检向社会发布10项预防电信网络诈骗犯罪建议。在这里，我们再次提醒广大群众，爱心捐款诈骗、兜售防疫物资诈骗、冒充老师诈骗、套路贷、求职及兼职刷单诈骗等都是最近易发多发的电信网络诈骗案件类型，需要重点防范。一旦发现被骗，应立即报案。在此，我们也严正警告不法分子，凡妄图借疫情防控之机谋不义之财的，必将受到法律严惩。

[法制网记者] 近年来电信网络诈骗犯罪呈现出了哪些新特点？在治理过程中遇到了哪些困境？检察机关又是如何解决的？

[张晓津] 从办案情况看，当前电信网络诈骗犯罪呈现出四大新特点：

一是组织公司化，行为产业化。电信网络诈骗团伙很多采取公司化运作模式，呈现出明显的集团化、职业化特点。此外，由于分工不断精细，已经演化出相互依存、相互合作的黑灰色产业链，诈骗犯罪由团伙运作变成了体系运作。这些黑灰产业链团伙之间大多互不见面，只以金钱为连接纽带，专业化和隐匿性强。

二是随着技术的进步，人工智能技术已被用于诈骗的各个环节。犯罪分子利用人工智能技术非法获取公民个人信息，对被害人精准画像，实施量体式、订单式诈骗。

三是利用社会热点和新的应用程序不断翻新诈骗手段。将社会热点融入骗局中，既能吸引更多人关注，也能为诈骗分子提供掩护，使被害人放松警惕。犯罪分子借题发挥，也更容易得手，如现阶段利用疫情实施的电信网络诈骗就比较猖獗。此外，一些新的应用程序使人们的联系和交往方式不断发展，骗子的剧本也随之不断翻新，令人防不胜防。

四是随着移动互联网在沟通方式、支付方式、大数据整合等方面的深刻影响，移动终端已成为诈骗主战场。

电信网络诈骗犯罪手段花样翻新，侦查技术和司法认识不可避免地存在一定滞后性，电子证据调取难、案件管辖难、认定处理难、专业人才缺乏等是我们打击电信网络诈骗犯罪在内所有网络犯罪的突出问题。下一步，检察机关将采取以下措施：

一是继续保持对电信网络诈骗犯罪的高压打击态势。

二是发挥检察机关的诉前引导作用，要求检察官最大限度向侦查靠近，更早地介入侦查，就证据收集、事实认定、法律适用等问题提出指导意见，引导公安机关全面、客观、合法收集证据。

三是进一步健全与公安机关的工作衔接机制。既加强个案会商又加强类案研判，及时研究解决办案中的重点、难点问题。

四是与互联网企业进一步加强打击网络犯罪中的合作。借力互联网公司在人才、技术、信息资源上的优势，提升办案质效。

[**王松苗**] 谢谢各位媒体朋友，因为时间关系，提问就到这里，特别感谢三位嘉宾的详尽发布和专业解读。依法严惩网络犯罪，切实维护网络安全，加强网络法治建设，是检察机关义不容辞的法定职责。

下一步，检察机关将深入贯彻落实中央决策部署，在最高检惩治网络犯罪维护网络安全研究指导组的指导下，把防控新型网络安全风险摆在突出位置来抓，与有关部门一道综合施策、精准发力，构筑打击遏制网络犯罪的"新高地"，共同织密网络安全防护网，全面推进网络空间法治化建设。根据最高检的工作安排，今年我们案例的发布会比较多，特别感谢媒体朋友，希望大家继续关注最高检指导性案例的发布和疫情防控阶段典型案例的发布。我们将继续向大家推送更多更优质的检察产品和法治产品。

第三部分

电信网络犯罪典型案例

陈某某非法侵入计算机信息系统侵犯公民个人信息案

关键词

计算机信息系统　检验　公民个人信息　条数认定

要旨

1. 行为人为获取互联网信息系统漏洞，违反国家规定，侵入国家事务、国防建设、尖端科学技术领域的计算机信息系统，不论其侵入的动机和目的如何，也不需要在侵入后又实施窃取信息、进行攻击等侵害行为，侵入行为本身即构成非法侵入计算机信息系统罪。

2. 国家事务、国防建设、尖端科学技术领域的计算机信息系统难以确定的，应当委托省级以上负责计算机信息系统安全保护管理工作的部门检验，对检验结论审查时，不能机械地要求其完全具备鉴定意见的形式要件。

3. 侵犯公民个人信息案件中，对批量公民个人信息的条数，根据查获的数量直接认定，但是有证据证明信息不真实或者重复的除外。

基本案情

被告人陈某某,男,1995年3月13日出生,公司职员。

2012年9月至2016年7月,被告人陈某某以"殺器王子""艾薇儿"等虚拟身份,侵入人民网网站、农村住房信息系统网站、全国大学生就业信息一体化管理系统网站、中国联通手机营业厅网站、中国移动大数据应用平台、国家超级计算机深圳中心网站、佳木斯住房公积金网站、兴业银行网站、中国民航信息网络股份有限公司网站、中国铁路客户服务中心网站、北京市工商局等网站后制作截图,并将截图上传至X网主站。经检验,陈某某入侵的网站均属于国家事务领域、尖端科学技术领域的计算机信息系统。

2015年以来,陈某某通过QQ群、相关论坛及入侵钓鱼网站等方式下载公民信息,并保存到笔记本电脑中,信息条数共计359335条。

指控与证明犯罪

(一)提起公诉及一审判决情况

根据最高人民检察院指定管辖,2017年5月25日,河北丰宁满族自治县人民检察院以被告人陈某某犯非法侵入计算机信息系统罪、侵犯公民个人信息罪等提起公诉。丰宁满族自治县法院经开庭审理于2017年11月30日作出一审判决:认为陈某某进入的网站,侦查机关委托省级以上负责计算机信息系统安全保护管理工作的部门所作的检验不符合证据形式要件,不能作为证据使用,指控陈某某犯非法侵入计算机信息系统罪证据不足;涉及公民个人信息罪中重复及不符合公民个人信息构成要件的部分不应计算在涉案信息范围内；被告人的行为发生于2017年之前，依据从旧兼从轻的原则，不适用最高人民法院、最高人民检察院2017年5月8日发布的《关于办理侵犯公民个人信息刑事案件适用法律若干问题的解释》关于涉案信息条数的量刑标准的规定，以犯侵犯公民个人信息罪判处被告人陈某某有期徒刑一年六个月，缓刑一年六个月，并处罚金人民币六万元。

（二）提出抗诉及二审改判情况

一审判决后，丰宁满族自治县人民检察院经审查认为，一审判决未采信省级以上负责计算机信息系统安全保护管理工作的部门所作的检验，属于采信证据错误，导致不予定罪错误；被告人行为时没有相关司法解释，司法解释施行后正在处理的案件，应当依照司法解释规定办理，一审法院未适用2017年"两高"《关于办理侵犯公民个人信息刑事案件适用法律若干问题的解释》，属于适用法律错误，依法提出抗诉。承德市人民检察院经依法审查后，支持丰宁满族自治县人民检察院的抗诉意见。为准确指控犯罪，承德市人民检察院于二审审查期间对相关事实的证据进行了补强：补充了公安部第一研究所检验人员对涉案网站性质的检验报告；要求承德市公安局电子数据检验鉴定中心对涉案公民信息的进一步去重检验。

二审法庭调查阶段，针对原审被告人及辩护人对涉案网站性质的检验报告是否应予以采信、电子数据检查记录及电子数据远程勘验过程是否存在数据污染等情况，二审检察院申请了具有专门知识的人——中国科学院研究员出庭就案件涉及的鉴定意见及专业知识问题予以说明；申请了公安部第一研究所检验人员、承德市公安局勘验人员出庭就电子数据检验以及电子数据远程勘验过程进行说明。通过当庭举证、质证及上述具有相关专业知识人员对相关证据出庭说明情况,进一步印证了原审被告人非法侵入计算机信息系统、侵犯公民个人信息的犯罪事实。

法庭辩论阶段,检察员发表出庭意见:

非法侵入计算机信息系统罪部分:(1)被告人供述帖文均是其发现并在 X 网上发布的系统漏洞;(2)在法庭调查过程中,检察员申请了具有计算机信息系统安全保护方面专门知识的人出庭作证,证实通过帖文内容可以认定帖文作者已经进入所涉计算机信息系统;(3)经检验,被告人发布帖文所涉网站和计算机信息系统均属于国家事务领域计算机信息系统,该检验报告检验主体适格,程序合法,检验结论明确,与案件待证事实具有关联性,应予以采信。

侵犯公民个人信息罪部分,根据 2001 年 12 月 17 日施行的最高人民法院、最高人民检察院《关于适用刑事司法解释时间效力问题的规定》第二条,对于司法解释实施前发生的行为,行为时没有相关司法解释,司法解释施行后尚未处理或者正在处理的案件,依照司法解释规定办理。被告人非法收集公民个人信息的行为适用 2017 年最高人民法院、最高人民检察院《关于办理侵犯公民个人信息刑事案件适用法律若干问题的解释》关于涉案信息条数的量刑标准的规定,应按照情节特别严重的标准定罪量刑。

被告人及其辩护人认为:(1)本案所涉及检验报告均存在程序及实体的严重错误,不能作为定案依据。(2)本案缺乏"访问操作日志"等核心的证据,仅凭口供、证人证言、勘验笔录及鉴定意见不能认定被告人客观上实施了侵入行为。(3)即使法院认定原审被告人实施了侵入"国家事务类网站"之行为,也应充分考虑到原审被告人有合法授权、该职务行为客观上未造成任何危害后果、不存在主观恶性等情节，依法不作为犯罪处理。

针对辩护意见，检察员答辩：

1. 关于检验报告的效力：最高人民法院、最高人检察院《关于办理危害计算机信息系统安全刑事案件应用法律若干问题的解释》第十条规定：对国家事务、国防建设、尖端科学技术领域的计算机信息系统性质难以确定的，"应当委托省级以上负责计算机信息系统安全保护管理工作的部门检验，司法机关根据检验结论，并结合案件具体情况认定"。关于公安部十一局出具的检验认定意见，该检验主体公安部十一局是负责全国计算机信息系统安全的管理部门，检验主体适格，该检验过程、检验方法合法，检验认定意见明确，该检验认定意见符合法律规定，应予以采信。最高法《关于适用〈中华人民共和国刑事诉讼法〉的解释》第八十七条的规定，根据该规定侦查机关聘请了具有国家事务、国防建设、尖端科学技术领域的计算机信息系统认定专门知识的人对涉案网站进行检验，该检验报告，检验人具有前述三类计算机信息系统的专门知识，主体适格、程序合法、检验结论明确，该检验报告同样应予以采信。

2. 法庭调查过程中出具的帖文系被告人使用虚拟身份发布的，同时通过有专门知识的人查看该帖文，认为通过帖文内容能够认定帖文作者已经进入到相关的计算机信息系统，与被害单位网路管理人员证言能够相互印证，以上证据证明了侵入行为的实施。同时，我国刑事诉讼法要求的证明标准是事实清楚、证据确实充分，而不是穷尽一切证据，综合本案全案证据，已经形成完整证据链条，可以认定侵入行为的实施。

3. 公安部一所、国家互联网应急中心相关工作人员均证实，公安部一所、国家互联网应急中心没有授权 X 网平台侵入他人计算机信息系统。

2019 年 8 月 12 日，承德市中级人民法院作出二审判决：认为检察机关抗诉提出的应认定被告人构成非法侵入计算机信息系统罪的意见正确，予以支持。被告人的辩护律师提出检验报告不真实不合法，数据的来源不是原始数据载体上的数据的辩护意见，与经庭审查明的事实不符，不予采纳。检察机关抗诉提出的一审法院对被告人侵犯公民个人信息罪的法律适用错误，导致量刑不当的意见正确，予以支持。被告人和其辩护律师提出的不构成侵犯公民个人信息罪的意见，既与庭审查明的的行为事实不符，又不符合相关法律规定，不予采纳。被告人陈某某犯非法侵入计算机信息系统罪，判处有期徒刑二年；犯侵犯公民个人信息罪，由原判有期徒刑一年六个月，缓刑一年六个月，并处罚金人民币六万元，改判有期徒刑三年六个月，并处罚金人民币三万元；数罪并罚决定执行有期徒刑四年六个月，并处罚金人民币三万元。

典型意义

（一）关于非法侵入计算机信息系统罪

一是准确把握非法侵入计算机信息系统罪中"非法性"的认定。本罪在客观方面表现为违反国家规定，侵入国家事务、国防建设、尖端科学技术领域的计算机信息系统，具体包括未经国家有关强制性法律法规授权或者相关系统所有者或管理者授权侵入。国家事务、国防建设、尖端科学技术领域的计算机信息系统,涉及国家秘密等事关国家安全等重要事项的信息的处理,应当予以特殊保护。根据刑法规定,只要进入前述三类计算机信息系统的行为违反国家规定,侵入行为本身即构成非法侵入计算机信息系统罪,不论其侵入的动机和目的如何,即使没有实施窃取信息、攻击等行为,同样构成非法侵入计算机信息系统罪;如果行为人侵入前述三类计算机信息系统后,从事非法获取计算机信息系统中存储、处理、传输中的信息,还可能构成窃取、刺探国家秘密罪、间谍罪等犯罪,应当依照处罚较重的相关犯罪追究刑事责任。如果侵入的是前述三类计算机信息系统外的其他计算机信息系统,若不具备其他犯罪构成要件,仅有"善意侵入"行为,不构成犯罪,但是有可能构成治安管理处罚法规定的行政违法行为。

二是准确把握"国家事务、国防建设、尖端科学技术"领域的计算机信息系统的认定。本案中,一审阶段由省级以上负责计算机信息系统安全保护管理工作的部门即省级以上公安机关网安部门对涉案网站性质作出了认定,二审阶段侦查机关聘请了具有三类计算机信息系统认定专门知识的人对涉案网站进行检验,并在法庭上进行了说明,二审判决予以采信。关于"三类计算机信息系统"的认定业务,目前未被法律纳入实行登记管理的范围,无相关鉴定资质的鉴定机构和鉴定人。依据《关于办理危害计算机信息系统安全刑事案件应用法律若干问题的解释》的规定,对是否属于上述"三类计算机信息系统"难以确定的,应当委托省级以上负责计算机信息系统安全保护管理工作的部门检验,司法机关根据检验结论,并结合案件具体情况认定,未对检验结论的形式作具体要求。同时,该检验主体为"受委托的省级以上负责计算机信息系统安全保护管理工作的部门",亦不同于最高法《关于适用〈中华人民共和国刑事诉讼法〉的解释》第八十七条规定的"受指派、聘请的有专门知识的人",故司法实践中,不能机械地要求省级以上负责计算机信息系统安全保护管理工作的部门即省级以上公安机关网安部门所作检验结论完全具备"鉴定人具备相关资质""鉴定人签字"等鉴定意见的形式要件,确实难以认定的,亦可以依据最高法《关于适用〈中华人民共和国刑事诉讼法〉的解释》的相关规定,指派、聘请有专门知识的人进行检验,以准确认定涉案网站性质。

(二) 关于侵犯公民个人信息罪

一是准确把握侵犯公民个人信息案件中对涉案个人信息条数的认定,"两高"《关于办理侵犯公民个人信息刑事案件适用法律若干问题的解释》规定,对批量公民个人信息的条数,根据查获的数量直接认定,但是有证据证明信息不真实或者重复的除外。实践中,侵犯公民个人信息案件除公民个人敏感信息外,涉案的公民个人信息动辄上万条,不排除少数情况下存在信息重复,如针对同一对象并存"姓名+住址""姓名+电话号码""姓名+身份证号"等数条信息,但要求做到完全去重较为困难。此外,对于信息的真实性也难以一一核实,要求办案机关逐一联系权利人核实公民个人信息明显不合适。

二是准确把握公民个人信息重复的认定。本案中,针对被告人提出涉案的"海量"公民个人信息中不能完全排除存在重复信息问题。根据"有利于被告人的原则",二审期间公安机关技术部门运用技术手段对涉案公民个人信息进行了"技术去重",出席二审法庭的检察员向法庭提交了该"技术检验报告",对上诉人侵犯公民个人信息的条数进行了司法认定,最大限度地保障了当事人的合法权益,并被二审法院采纳。

相关规定

《中华人民共和国刑法》第二百五十三条之一、第二百八十五条

《中华人民共和国网络安全法》第二十七条

《中华人民共和国计算机信息系统安全保护条例》第四条

《最高人民法院、最高人民检察院关于办理危害计算机信息系统安全刑事案件应用法律若干问题的解释》第十条

《最高人民法院、最高人民检察院关于办理侵犯公民个人信息刑事案件适用法律若干问题的解释》第五条、第十一条

陆某等 8 人诈骗案

关键词

诈骗　电商平台　虚假交易　积分套现　刑民交叉

要旨

行为人以非法占有为目的,利用电商平台交易规则,虚构批量购物消费、退货退款、积分抵扣交易款等事实,骗取电商平台积分并套现,数额较大的,以诈骗罪定罪处罚。

基本案情

被告人陆某,男,1993 年 6 月出生,某电子商务公司法定代表人。

被告人朱某,男,1988 年 10 月出生,某公司法定代表人。

被告人潘某明,男,1989 年 10 月出生,个体工商户。

被告人项某国,男,1972 年 8 月出生,个体工商户。

被告人邱某,男,1987 年 10 月 28 日出生,某电子商务公司职员。

被告人颜某,男,1988 年 11 月 28 日出生,某商贸有限公司法定代表人。

被告人叶某军，男，1978年11月23日出生，某贸易公司法定代表人。

被告人魏某超，男，1985年12月11日出生，某保险公司业务员。

2015年，浙江天猫技术有限公司（以下简称"天猫公司"）推出天猫双倍积分卡促销活动。活动规则是：会员在生日周内通过天猫网络平台购买商品，每消费2元，即获赠购物积分1分，天猫公司还赠送等额生日积分1分，以5000积分为限，该积分在消费者购买商品并确认收货后即发至消费者的积分账户，发生退货也不收回。消费者再次向天猫电商购买商品，可按100积分抵扣人民币1元。

2015年10月下旬，被告人陆某、朱某、潘某明等人共谋通过合资购买并实际控制南通等地6家天猫店铺，同时大量购买新注册的"淘宝网"消费者账号（行内称"白号"），雇佣数十名员工进行批量虚假交易，骗取天猫公司赠送的生日积分，并在上述店铺内使用该积分抵款购物，将积分套现。被告人项某国从潘某明、朱某处了解到刷积分套现的大致原理后，出资让潘某明帮其具体操作。

各被告人具体操作流程为：（1）批量虚设账号生日。将"白号"激活成为天猫会员，之后利用软件将这些账号的生日改为操作当日或后几日，激活生日特权。（2）虚假交易骗积分。用"白号"批量拍下所控制店铺的10000元"商品"，通过绑定银行卡的"U盾"付款，卖家店铺设置成自动发货，然后通过软件一键确认收货和维权退款，卖家店铺设置自动同意退货退款。在确认收货后，骗取的5000天猫生日积分（相当于人民币50元）即进入"白号"账户。（3）积分套现。通过拍下实际控制的另一家店铺中的 50.01 元"商品",使用骗取的 5000 天猫生日积分抵扣付款,每成交一笔,天猫公司就支付 50 元(交易费除外)到卖家店铺账户。

被告人陆某等人通过上述手段形成虚假交易额达 14 亿余元,骗取天猫公司 7 亿余积分,实际骗取人民币 671 万余元。

指控与证明犯罪

(一)提前介入阶段

江苏省南通市崇川区人民检察院在办理一起兼职刷信誉诈骗案时发现本案线索,认为可能涉嫌犯罪,随即将线索通报公安机关。为防止刑事案件被当成民事案件处理,南通市崇川区人民检察院就侦查方向以及关键性证据的收集等问题提出论证思路和引导侦查意见。抓捕前,检察机关要求公安机关对犯罪嫌疑人的银行卡交易记录、天猫店铺关联支付宝账户信息、消费者账号信息等电子证据进行了提取,及时固定好关键的客观性证据;抓捕时,检察机关派员到达第一犯罪现场,监督并引导现场勘查及证据的收集、固定,获取对犯罪嫌疑人、犯罪工具、现场情况等第一手信息。

2016 年 3 月 28 日,公安机关以陆某等人涉嫌诈骗罪移送南通市崇川区人民检察院审查起诉。2016 年 9 月 20 日,南通市崇川区人民检察院以被告人陆某等人涉嫌诈骗罪向南通市崇川区人民法院提起公诉。同年 12 月 15 日南通市崇川区人民法院公开开庭审理了本案。

(二)法庭辩论阶段

辩护人主要提出以下辩护意见:一是陆某等人的行为符合公

开的天猫积分规则和程序,其行为属于民法上的"不当得利",不构成诈骗罪。二是认定部分被告人犯罪数额的事实不清、证据不足。三是被害单位规则设置有漏洞,存在重大过错。

针对辩护意见,公诉人答辩:一是关于是否构罪问题。被告人陆某等人明知双倍积分规则属于一种营销活动,获得天猫公司双倍积分的前提是进行真实的商品交易,却组织、雇佣员工,利用自己控制的天猫店铺,使用软件恶意批量进行虚假的商品交易,致使天猫公司产生错误认识进而赠予双倍积分。在获取积分后,各被告人将积分再通过虚假的商品交易进行套现。其主观上具有非法占有的目的,客观上采取了虚构事实、隐瞒真相的方法,构成诈骗罪。二是关于犯罪数额及证据问题。本案系复杂共同犯罪,被告人陆某等人相互配合、分工合作,共同实施犯罪,各被告人均应对其参与的共同犯罪部分承担相应的刑事责任。各被告人涉案的犯罪数额、分得赃款数额的事实,有侦查机关依法调取的涉案天猫店铺交易记录、天猫平台给对应账号发放天猫积分的记录、相关银行交易记录、被告人朱某的电脑记账记录、在案各被告人的供述和辩解等证据证实,证据间已经形成完整的证据锁链,能够证明检察机关指控的犯罪数额。三是被害单位是否存在过错问题。电商平台的双倍积分规则属于一种营销活动,并不意图引诱他人犯罪,若非采取虚假交易、软件盗刷等违法方式,双倍积分规则可以有效地激励用户进行真实消费。因此,被害单位不存在辩护人认为的过错。

(三)判决情况

江苏省南通市崇川区人民法院于 2017 年 4 月 1 日作出 (2016) 苏 0602 刑初 641 号判决,判决被告人陆某等犯诈骗罪,分别判处有期徒刑十二年六个月至八年不等,并处罚金人民币五十万元至二十万元不等。一审宣判后，陆某、潘某明、项某国等人提出上诉。江苏省南通市中级人民法院于 2018 年 2 月 5 日作出（2017）苏 06 刑终 140 号刑事判决，认为原判决认定事实清楚，证据确实、充分，定性准确，量刑适当，审判程序合法。鉴于在二审期间，陆某、潘某明、项某国等人的家属均代为退出部分赃款，依照宽严相济的刑事政策，适当降低了部分被告人的刑期。

典型意义

办理网络诈骗类的刑民交叉案件，需要准确区分利用规则获利的民事行为与虚构事实、隐瞒真相的诈骗行为，需要判断行为人对涉案财物是否具有非法占有的目的。本案中，陆某等人在本身不具备获取相关天猫积分、不具备后续使用积分抵款交易条件的情况下，以虚设的会员账号，批量购买自己实际控制天猫店铺中虚设的商品，完成批量的虚假交易、获取财物的行为，充分体现出行为人的非法占有的目的，因此构成诈骗罪。

（一）准确区分利用规则获利的民事行为与虚构事实、隐瞒真相的诈骗行为

利用规则获利的民事行为与虚构事实隐瞒真相的诈骗行为之间存在类似性。准确判断利用规则获利的民事行为与虚构事实、隐瞒真相的诈骗行为，需要注意把握以下两点：一是要把握电商平台交易规则的实质内涵。本案中，被害单位双倍积分规则属于一种营销活动，具有社会公开承诺性，目的是想通过向平台内卖家商铺积分返现以促进和鼓励电商平台的真实消费，从而扩大本平台的影响力和繁荣市场。被害单位双倍积分交易规则的前提是进行真实的商品交易。在类似网络犯罪案件处理中，不能仅局限

于电商平台规则的形式要件,更要从实质上把握电商平台交易规则预设的同意条件,这些条件具体包含交易主体信息、交易主体资格、商品信息、交易过程等的真实性、正常性。合理利用规则应在规则约束范围之内,不能人为恶意创设条件突破规则适用前提,无真实交易则不能适用交易规则。当然,受制于技术手段、监管能力的限制以及吸引更多消费者等现实考虑,电商平台交易规则的设立并非完美,也将因此承担具体的风险,但要注意把握交易规则的实质内涵,衡平行为的欺诈性和结果的规则允许性,恪守刑事法律的谦抑性,刑事案件不能民事化处理,民事案件也不能刑事化处理。二是要把握网络背景下诈骗行为的基本构造。本案中,行为人恶意篡改账户生日,虚构交易记录,组织、雇佣工作人员使用恶意软件进行批量虚假购物链接、退货等操作以满足"购物赠送积分"规则,使被害单位陷入了"购物即赠送积分"的错误认识,从而仿佛"自愿"赠予双倍积分并予以兑现,其实质仍符合诈骗罪的基本构造。

(二)准确认定此类犯罪行为非法占有的目的

一般来说,行为人没有占有他人财产的合法根据或者没有使他人转移财产给行为人或第三者的合法根据,却具有占有他人财产的目的,就属于非法占有目的。与此同时,网络犯罪区别于传统犯罪的一个重要方面是作案手段技术性强,往往存在大量技术问题与专业性语言。准确认定此类犯罪行为非法占有的目的,需要从技术角度、法律角度详尽考察其"排除意思"与"利用意思"。本案中,行为人本身不具备获取相关天猫积分、不具备后续使用积分抵款交易条件,即在没有任何合法根据获得被害单位涉案财物的情况下,却以虚设的会员账号,使用软件批量购买自己实际控制天猫店铺中虚设的商品,完成批量的虚假交易,实质上排除了被害单位对自己财物的支配，最终获取了自己通过合法手段无法得到的被害单位财物，并根据财物（积分）用途再次使用批量虚假交易的方式将积分变现，上述行为不仅体现出行为人存在欺骗的手段，更体现出行为人存在非法占有的目的。在类似网络犯罪案件处理中，可结合以下几个方面来考察行为人是否具有非法占有目的：一是在"排除意思"方面。要考察行为人是否具有返还的意思。此类诈骗案件，多是通过虚假交易、退换货等，排除了他人对自己财物的占有和利用，事后也不存在返还行为。二是在"利用意思"方面。要考察行为人是否在获取相关财产性利益后是否具有变现的意图和行为等。三是在证据方面。要着重审查银行卡交易记录、电商平台关联支付宝账户信息、买家账号信息、支付宝开户资料信息、积分发放记录等有关电子数据之间是否相互印证，形成逻辑连贯、内容一致的证据体系，是否通过严密的逻辑推理排除其他可能性，进而认定行为人非法占有目的。

相关规定

《中华人民共和国刑法》第二百六十六条

《最高人民法院、最高人民检察院关于办理诈骗刑事案件具体应用法律若干问题的解释》第一条

李某、杨某某提供侵入计算机信息系统程序、工具案

关键词

主观故意　计算机信息系统安全防护措施　侵入计算机信息系统

要旨

验证码属于计算机信息系统安全保护措施,通过批量识别验证码实现登录账号、获取账号内信息的行为就是侵入计算机信息系统的行为。

基本案情

被告人李某,男,1983年5月23日出生,系沈阳某科技有限公司法定代表人。

被告人杨某某,男,1983年8月29日出生,无业。

2015年年初开始,被告人李某在网上创立"快啊答题"平台,并与被告人杨某某合作,由杨某某提供图文识别客户端,为接入平台的软件提供批量识别验证码服务。其间,被告人李某、杨某某明知众多软件作者开发的软件具有批量识别腾讯QQ账号

信息（撞库）的功能，仍开放接入端口，协助软件破解腾讯服务器下发的QQ账号登录验证码，从而绕过腾讯公司的验证码安全策略，完成验证QQ账号密码的一致性及登录账号获取账号内信息。软件用户只需在"快啊答题"平台上注册充值即可有偿使用软件进行批量QQ账号密码验证。平台所得钱款中，被告人杨某某、李某按照一定比例收取分成，余款返利给软件作者。2016年6月1日至2017年3月22日，被告人李某通过支付宝支付给被告人杨某某人民币347万元。

指控与证明犯罪

（一）审查起诉阶段

2017年6月28日，浙江省绍兴市公安局越城区分局以李某、杨某某等人涉嫌提供侵入计算机信息系统程序、工具罪移送绍兴市越城区人民检察院审查起诉。

2018年1月8日，浙江省绍兴市越城区人民检察院以李某、杨某某等人犯提供侵入计算机信息系统程序、工具罪向绍兴市越城区人民法院提起公诉。同年8月13日，绍兴市越城区人民法院公开开庭审理本案。

（二）法庭调查阶段

公诉人宣读起诉书指控被告人李某创办的"快啊答题"平台，利用被告人杨某某开发的图文验证识别技术，为撞库软件绕过腾讯服务器的安全防护策略、非法侵入腾讯公司服务器、获取QQ账号密码及账号信息提供了技术支持，其行为构成非法侵入计算机信息系统程序、工具罪。对于指控的犯罪事实，公诉人出示了四组证据予以证明：一是被告人的主体身份情况的证据，用于证实二被告人分别系"快啊答题"平台、图文验证码识别技术的研发者。二是被告人李某、杨某某的供述与辩解，用于证明撞库软件通过"快啊答题"平台接入的图文验证识别技术，批量验证腾讯公司服务器下发的验证码，获取QQ账号密码的一致性及登录账号获取账号信息。三是服务器提取的电子证据、司法鉴定报告、腾讯公司出具的情况说明，用于证明扫号软件、"快啊答题"平台以及图文验证识别技术通过各自实现的功能绕过腾讯QQ登录验证保护措施，批量验证QQ账号密码是否一致的功能。四是聊天记录、电子文本，用于证明被告人对开发的"快啊答题"平台、图文验证识别技术被撞库软件运用于批量识别腾讯QQ账号密码一致性及登录账号获取账号信息是明知。

（三）法庭辩论阶段

公诉人发表公诉意见：被告人李某、杨某某明知"快啊答题"平台下挂的撞库软件利用图文验证识别技术进行批量验证腾讯QQ账号密码一致性等用途，仍提供升级、维护等技术支持，足以认定二被告人明知其行为系在为他人实施侵入计算机信息系统并获取相关数据的违法行为提供技术支持，应以提供侵入计算机信息系统程序、工具罪对其定罪处罚。

辩护人提出：一是被告人提供的中立、通用技术，利用计算机识别验证码是人工智能发展的趋势，技术是专用于侵入计算机信息系统的程序、工具。二是验证码认定为计算机安全程序不具有法律依据，并未纳入《网络关键设备和网络安全专用产品目录》。三是被告人主观上无犯意，与在案其他人员不构成共同犯罪。四是鉴定意见不能作为定案依据。

公诉人针对辩护人意见进行答辩：一是"快啊答题"平台

以及图文验证识别程序本身不具备直接侵入计算机信息系统并获取数据，在腾讯公司下发验证码的情况下，撞库软件也无法直接侵入计算机信息系统并获取数据，但经过"快啊答题"平台关联后，撞库软件与图文识别程序共同作用实现了侵入腾讯服务器并获取数据的功能，三者应当作为一个整体来予以评价，每个环节的行为人对该功能的实现均应当承担责任。二是"快啊答题"平台、图文验证识别技术是中立技术毋庸置疑，但认定技术的利害导向关键不在于技术本身，而在于技术开发者及使用技术的人的主观意图，被告人应对腾讯QQ验证码升级而采取的技术更新以及与撞库软件开发者之间的QQ聊天记录，均能够证实平台以及图文检验识别技术具有侵入腾讯服务器的现实专用性。三是用验证码来防护账号密码安全是实践中服务器应对短时间、大批量的异常访问最为常用的一种方法，可以有效保障计算机信息系统及服务器内数据安全，腾讯公司服务器下发验证码正是为了防止通过程序替代人工批量访问的一种必要的安全策略，而国家出台《网络关键设备和网络安全专用产品目录》更侧重于网络安全硬件产品的管理，并非对计算机信息系统安全保护措施加以限定，故应当认定验证码具有安全防护属性。四是出具司法鉴定的鉴定机构具有电子数据鉴定资质，且鉴定程序合法，该鉴定机构作出的鉴定意见当然合法有效，应当被法庭所采纳。

（四）判决情况

法庭经审理，认定检察机关出示的证据能够相互印证，予以确认。被告人及辩护人就此提出的辩护意见不予采纳。

2019年9月30日，绍兴市越城区人民法院一审判决，以被告人李某犯提供侵入计算机信息系统程序、工具罪，判处有期徒刑四年二个月，并处罚金人民币五十万元；被告人杨某某犯提供侵入计算机信息系统程序、工具罪，判处有期徒刑四年二个月，并处罚金人民币七十万元。扣押和冻结的涉案财物予以没收，余款抵作罚金。

被告人李某、杨某某不服一审判决，提出上诉。绍兴市中级人民法院经审理，认定原判事实清楚，证据确实、充分，定罪准确，量刑适当，审判程序合法，驳回上诉，维持原判。

典型意义

验证码是一种广泛用于计算机信息系统防护的程序，对计算机和人的操作加以区分，是为了有效保障网络用户的个人账户安全，防止通过软件程序替代人工批量访问服务器，避免大规模盗号行为的发生。可以说，验证码就像是服务器的"门"，而图文验证识别程序运用在验证码识别上，就像是一把"钥匙"，打开了服务器的防护，使得撞库软件能够直接访问服务器，非法侵入并获取服务器的数据，所以理解验证码在本案中的作用，是理解和把握案件性质的关键。

相关规定

《中华人民共和国刑法》第二百八十五条第三款

《最高人民法院、最高人民检察院关于办理危害计算机信息系统安全刑事案件应用法律若干问题的解释》第二条

蔚某某提供侵入、非法控制计算机信息系统程序、工具案

关键词

DDoS 攻击　破坏计算机信息系统　提供侵入、非法控制计算机信息系统程序、工具

要旨

一次完整的 DDoS 攻击通常包括非法控制服务器或计算机的行为和破坏目标主机的行为,可能同时触犯非法控制计算机信息系统罪和破坏计算机信息系统罪,应择一重罪处罚。对出售 DDoS 攻击软件的,应当根据全案证据和情节,以破坏计算机信息系统罪的共同犯罪,或者提供侵入、非法控制计算机信息系统程序、工具罪择一重罪处罚。

基本案情

被告人蔚某某,男,1993 年 3 月出生,农民。

被告人蔚某某明知是具有非法控制、破坏他人计算机信息系统功能的 DDoS 攻击软件,仍向杨某(因犯提供侵入、非法控制计算机信息系统的程序罪和破坏计算机信息系统罪被判刑)和

全某成、杨某代、张某轩、邱某伟、吴某（均涉嫌破坏计算机信息系统罪，因犯罪情节轻微，均作相对不起诉处理）等人销售。

2016年8月至2017年3月，杨某、全某成、杨某代等人分别利用从蔚某某及他人处购得的攻击软件，对"58金融直播间""招财进宝直播间""虚贝网""GG租号平台""壹码商城""激活码集团"等网站进行DDoS攻击，造成上述网站瘫痪、无法被访问等严重后果。经查，被告人蔚某某多次将DDoS攻击软件出售给他人，共计交易289笔，违法所得近12万元人民币。

指控与证明犯罪

（一）审查起诉阶段

2017年9月，浙江省苍南县公安局以犯罪嫌疑人蔚某某涉嫌破坏计算机信息系统罪，移送浙江省苍南县人民检察院审查起诉。经审查，苍南县人民检察院认为，现有证据能证实蔚某某实施了向杨某等人出售DDoS攻击软件的行为，但仍有若干证据待补强：一是能够证明蔚某某共谋攻击和直接参与攻击的证据欠缺。二是只有少数软件购买者到案，证明攻击行为与网站被攻击结果间的关联性证据需补强。三是攻击网站行为大部分情节较轻，对蔚某某以破坏计算机信息系统的共同犯罪定罪处罚，不能做到罪刑相适应。据此，该院两次将案件退回公安机关补充侦查补强证据。

2018年2月，苍南县人民检察院以被告人蔚某某涉嫌提供侵入、非法控制计算机信息系统程序、工具罪，向苍南县人民法院提起公诉。2018年3月16日和6月29日，苍南县人民法院两次公开开庭审理本案。

（二）法庭辩论阶段

被告人蔚某某及其辩护人辩称，蔚某某的行为只起到帮助他人侵入计算机信息系统的作用，应当认定为软件购买者杨某等人的帮助犯或从犯，予以从轻、减轻或免除处罚。

公诉人发表公诉意见：一是涉案软件是专门用来进行DDoS攻击的软件，属于"专门用于侵入、非法控制计算机信息系统的程序、工具"。二是DDoS攻击包括非法控制"肉鸡"计算机行为、对目标主机发起网络攻击行为两个环节。结合在案证据，应当认定蔚某某销售的软件具有非法控制以及破坏他人计算机信息系统的双重功能。三是销售DDoS攻击软件的行为，既能构成破坏计算机信息系统罪的帮助犯，又能构成提供侵入、非法控制计算机信息系统程序、工具罪的正犯，由于已查明使用涉案软件进行网络攻击并造成严重后果的犯罪嫌疑人只占全部交易对象的极少数，且犯罪情节轻微，将蔚某某的行为认定为破坏计算机信息系统罪的帮助犯，无法做到罪刑相适应，应当以提供侵入、非法控制计算机信息系统程序、工具罪的正犯来定罪处罚。

（三）判决情况

苍南县人民法院于2018年8月8日作出（2018）浙0327刑初184号判决：被告人蔚某某犯提供侵入、非法控制计算机信息系统程序、工具罪，判处有期徒刑三年，并处罚金15000元。一审宣判后，被告人蔚某某提出上诉。温州市中级人民法院于2018年11月13日作出（2018）浙03刑终1511号刑事裁定，驳回上诉，维持原判。

典型意义

(一) 依法准确打击 DDoS 攻击犯罪

DDoS 攻击指通过被控制的服务器或计算机，对一个或多个目标发动攻击，使目标服务器断网或资源用尽，最终停止提供服务。DDoS 攻击是目前犯罪分子经常采用，又难以防范的互联网攻击形式之一。由于此类犯罪手段隐蔽，攻击源分布广泛，且核心服务器往往设置在境外，给侦查取证带来极大的难度。一次完整的 DDoS 攻击往往包括非法控制"肉鸡"的行为、攻击目标主机的行为，二者为手段行为和目的行为的关系，分别触犯非法控制计算机信息系统罪和破坏计算机信息系统罪，属于牵连犯，应择一重罪处罚。若上述手段行为或目的行为只能查明其一的，也可仅根据查明的行为单独定罪处罚。

(二) 准确评价提供 DDoS 攻击软件的行为

当前，制作、引进、升级、出售专门用于计算机犯罪的程序、工具已呈现出职业化、产业化的特点，成为信息网络犯罪快速增长的主要原因之一。但是，由于侦查取证难度较大，导致此类犯罪分子难以被依法追究刑事责任。提供 DDoS 攻击软件的行为可能同时构成破坏计算机信息系统罪的帮助犯和提供侵入、非法控制计算机信息系统程序、工具罪的正犯，应当按照想象竞合犯，择一重罪处罚。一般情况下，证明 DDoS 攻击软件提供者与攻击者之间存在共谋，或提供者直接参与攻击行为的证据往往难以获取；且对 DDoS 攻击软件提供者以破坏计算机信息系统罪的共犯定罪处罚依赖于软件使用人罪行的认定，也加大了对提供 DDoS 攻击软件犯罪行为的打击难度。在此情况下，结合案件情节的严重程度,根据想象竞合犯处断原则,以提供侵入、非法控制计算机信息系统程序、工具罪定罪处罚,更能够实现罪刑相适应。

相关规定

《中华人民共和国刑法》第二百八十五条第二款、第三款,第二百八十六条

《最高人民法院、最高人民检察院关于办理危害计算机信息系统安全刑事案件应用法律若干问题的解释》第三条

杜某某非法经营案

关键词

非法经营罪　资金支付结算　网络支付接口　互联网消费信用贷款套现　互联网金融

要旨

网上店铺经营者或其控制人使用网络支付接口（以支付宝等为代表的网络支付工具），以虚构交易、虚开价格、交易退款等非法方式套取互联网消费信用贷款并支付给套现者，借此向套现者收取手续费牟利的，应认定为非法从事资金支付结算业务，情节严重的，以非法经营罪追究刑事责任。

基本案情

被告人杜某某，男，1992年10月出生，无业。

"蚂蚁花呗"是重庆市阿里巴巴小额贷款有限公司（以下简称阿里小贷公司）推出的互联网消费信贷产品，淘宝用户在网上购物时可选择由"蚂蚁花呗"垫付货款，在规定的还款日之前还款无须支付利息及其他费用，但无法直接提取现金。

2015年7月，被告人杜某某与杜某城等人共谋利用"蚂蚁花呗"帮助淘宝用户套现,并以收取套现手续费的方式牟利。具体手法是:杜某某等人向他人购得支持消费者通过"蚂蚁花呗"垫付货款形式购买商品的淘宝网上店铺,通过中介人员向想要套现的淘宝用户发送商品链接,淘宝用户下单的同时申请由"蚂蚁花呗"代为支付货款。付款成功后,淘宝用户在并无实际商品交易的情况下先确认收货再申请退货,杜某某等人在扣除7%—10%的手续费后,通过支付宝将剩余货款转账至淘宝用户的支付宝账户,淘宝用户再通过支付宝提现得以成功套现。所获手续费除一部分支付给中介人员外,余款由杜某某、杜某城等人分配。

2015年11月10日至2015年11月13日,被告人杜某某利其掌控的淘宝店铺虚构交易共计2500余笔,利用"蚂蚁花呗"为淘宝用户套现人民币共计470余万元,杜某某本人获利6000余元。公安机关根据收款的支付宝账户信息锁定杜某某的犯罪嫌疑,并将其抓获归案。

指控与证明犯罪

(一) 提前介入阶段

重庆市公安局江北区分局提请重庆市江北区人民检察院提前介入引导侦查取证。通过与公安机关、技术专家的多次研讨,检察机关认为,认定本案的关键问题在于,能否参照使用销售点终端机具(POS机)向信用卡持卡人套现以非法经营罪论处的规定,对杜某某以非法经营罪定罪处罚。公安机关根据检察机关的意见围绕犯罪嫌疑人非法经营行为模式及具体数额等犯罪事实展开了有针对性的侦查。2016年12月12日,重庆市公安局江北区分局以杜某某涉嫌非法经营罪移送江北区检察院审查起诉。

(二) 审查起诉阶段

江北区检察院审查了全案卷宗，讯问了犯罪嫌疑人，听取了辩护人的意见。杜某某表示认罪，但又提出两点辩解：一是身边很多人都在从事同样的行为，没有人受到过犯罪处理；二是获利较少，不应作为犯罪处理。辩护人则认为杜某某的行为不构成非法经营罪，理由为：一是"蚂蚁花呗"的运营主体并非人民银行批准的金融机构，也不属于《支付结算办法》规定的进行支付结算和资金清算的机构，其本身就具有违法性，不应予以保护；二是杜某某实施的行为不是非法从事支付结算业务的行为，其行为不具有违法性，不应认为是犯罪。

检察机关经审查认为，现有证据基本能够证明犯罪嫌疑人杜某某通过虚构交易、虚开价格、交易退款方式套取"蚂蚁花呗"资金，但套取的资金是如何从"蚂蚁花呗"流向淘宝店铺（或杜某某等人的支付宝账户），再流向套现者的过程尚不明晰。

为此，检察机关就本案涉及的技术细节与"蚂蚁花呗"运营方进行了多次沟通，并于2017年1月26日、2017年5月5日将案件退回补充侦查，主要提出以下补充侦查意见：一是补充查明涉案资金的流转过程；二是补充查明主要中介人员的相关情况，分赃情况及赃款去向；三是补充查明套现者未还款情况。

针对检察机关的补充侦查意见，重庆市公安局江北区分局从蚂蚁金服集团提取了涉案淘宝店铺套现交易全量、涉案淘宝网店首次花呗使用时间及套现前交易情况、套现者未还款情况说明、资金流向情况详表等电子数据，查明了杜某某等人主要通过虚假交易等方式套取"蚂蚁花呗"代为支付的货款，再通过操作退货退款而通过支付宝自动退款至套现者支付宝账户以实现资金转移的事实。另查明了杜某某等提取的手续费数额、套现者长时间逾期未还款的数额等情况。同时，检察机关自行梳理法律规定，对以下问题作了明确：一是阿里小贷公司作为经重庆市金融办依法批准设立并开业的小额贷款公司，其主体资格合法，其经营的小额贷款业务合法。二是杜某某虽然利用的是合法的支付工具，但其从事的是非法的资金支付结算行为，具有交易行为虚假性、支付行为经营性、经营行为非法性三个特征，其最终分得的款项虽然较少，但其从事资金支付结算业务的非法经营数额却高达470余万元，已经严重扰乱了互联网金融市场秩序，达到立案追诉标准，属于"情节严重"的非法经营行为。

2017年6月13日，重庆市江北区人民检察院以被告人杜某某犯非法经营罪向江北区人民法院提起公诉。江北区人民法院公开开庭审理了本案。

（三）法庭辩论阶段

辩护人提出以下辩护意见：一是"蚂蚁花呗"业务并不是资金支付结算业务。二是买家、卖家自愿达成交易，报案者实际上没有资金损失。三是"蚂蚁花呗"套现和信用卡套现有本质区别。二者侵犯的客体不同，信用卡套现侵犯的是银行的制度，"蚂蚁花呗"套现侵犯的是一家公司的内部规定，而且逾期还款也不会进入个人征信系统，因此本案是民事纠纷。四是因利用"蚂蚁花呗"套现而被判刑尚无先例，这种行为在被告人的家乡很常见，也没有人被批捕过。所以，杜某某的行为不构成犯罪。

针对辩护意见，公诉人答辩：一是行为人利用"蚂蚁花呗"以虚假交易等方式转移资金并收取手续费的行为符合资金支付结算业务的本质特征，与"蚂蚁花呗"本身是否属于资金支付结算业务无关。二是阿里小贷公司的损失主要体现为资金被非法占用。三是本案的套现行为侵犯了互联网金融市场秩序。四是我国不是判例法国家，不以是否具有判例作为认定行为是否构成犯罪的条件。

（四）判决情况

重庆市新北区人民法院于 2017 年 11 月 14 日作出（2017）渝 0105 刑初 817 号判决：被告人杜某某犯非法经营罪，判处有期徒刑二年六个月，并处罚金 3 万元。宣判后，公诉机关未提起抗诉，被告人未提出上诉，判决已生效。

典型意义

（一）准确把握非法经营罪中"资金支付结算业务"的本质

"支付结算业务"（也称支付业务）是商业银行或者支付机构在收付款人之间提供的货币资金转移服务，其本质特征即货币资金的转移服务。只要行为人在未取得支付结算业务许可的情况下，从事货币给付及资金清算的，即应认定其破坏了支付结算业务许可制度，危害支付市场秩序和安全，情节严重的，应当适用《刑法》第二百二十五条第（三）项，以非法经营罪追究刑事责任。

（二）准确认定利用网络支付接口非法从事资金支付结算业务

使用销售点终端机具（POS 机）进行信用卡套现是非法经营资金支付结算业务的方法。在这种套现模式中，行为人使用的信用卡具有透支功能，通过收取一定比例的套现手续费牟利。网络支付接口（以支付宝等为代表的网络支付工具），是指收单机构与网络特约商户基于约定的业务规则，用于网络支付数据交换的规范和技术实现。根据中国人民银行的规定，网络支付接口和受理终端（销售点终端机具）的地位相同。故使用受理终端或网络支付接口等方法，以虚构交易、虚开价格、交易退款等非法方式向指定付款方支付货币资金的，属于《刑法》第二百二十五条第（三）项规定的"非法从事资金支付结算业务"。

相关规定

《中华人民共和国刑法》第二百二十五条

《最高人民法院、最高人民检察院关于办理非法从事资金支付结算业务、非法买卖外汇刑事案件适用法律若干问题的解释》第一条、第三条

《最高人民检察院关于办理涉互联网金融犯罪案件有关问题座谈会纪要》第十八条、第十九条

《最高人民检察院、公安部关于公安机关管辖的刑事案件立案追诉标准的规定（二）》第七十九条第（三）项

附 录

附录一 最高人民检察院第九批指导性案例

李丙龙破坏计算机信息系统案

（检例第 33 号）

关键词

破坏计算机信息系统　劫持域名

基本案情

被告人李丙龙，男，1991 年 8 月生，个体工商户。

被告人李丙龙为牟取非法利益，预谋以修改大型互联网网站域名解析指向的方法，劫持互联网流量访问相关赌博网站，获取境外赌博网站广告推广流量提成。2014 年 10 月 20 日，李丙龙冒充某知名网站工作人员，采取伪造该网站公司营业执照等方式，骗取该网站注册服务提供商信任，获取网站域名解析服务管理权限。10 月 21 日，李丙龙通过其在域名解析服务网站平台注册的账号，利用该平台相关功能自动生成了该知名网站二级子域名部分 DNS（域名系统）解析列表，修改该网站子域名的 IP 指向，使其连接至自己租用境外虚拟服务器建立的赌博网站广告发布页面。当日 19 时许，李丙龙对该网站域名解析服务器指向的修改生效，致使该网站不能正常运行。23 时许，该知名网站经技术排查恢复了网站正常运行。11 月 25 日，李丙龙被公安机关抓获。至案发时，李丙龙未及获利。

经司法鉴定，该知名网站共有 559 万有效用户，其中邮箱系统有 36 万有效用户。按日均电脑客户端访问量计算，10 月 7 日至 10 月 20 日邮箱系统日均访问量达 12.3 万。李丙龙的行为造成该知名网站 10 月 21 日 19 时至 23 时长达四小时左右无法正常发挥其服务功能，案发当日仅邮件系统电脑客户端访问量就从 12.3 万减少至 4.43 万。

诉讼过程和结果

本案由上海市徐汇区人民检察院于 2015 年 4 月 9 日以被告人李丙龙犯破坏计算机信息系统罪向上海市徐汇区人民法院提起公诉。11 月 4 日，徐汇区人民法院作出判决，认定李丙龙的行为构成破坏计算机信息系统罪。根据《最高人民法院、最高人民检察院关于办理危害计算机信息系统安全刑事案件应用法律若干问题的解释》第四条规定，李丙龙的行为符合"造成为五万以上用户提供服务的计算机信息系统不能正常运行累计一小时以上""后果特别严重"的情形。结合量刑情节，判处李丙龙有期徒刑五年。一审宣判后，被告人李丙龙提出上诉，经上海市第一中级人民法院终审裁定，维持原判。

要旨

以修改域名解析服务器指向的方式劫持域名，造成计算机信息系统不能正常运行,是破坏计算机信息系统的行为。

指导意义

修改域名解析服务器指向,强制用户偏离目标网站或网页进入指定网站或网页,是典型的域名劫持行为。行为人使用恶意代码修改目标网站域名解析服务器,目标网站域名被恶意解析到其他 IP 地址,无法正常发挥网站服务功能,这种行为实质是对计算机信息系统功能的修改、干扰,符合刑法第二百八十六条第一款"对计算机信息系统功能进行删除、修改、增加、干扰"的规定。根据《最高人民法院、最高人民检察院关于办理危害计算机信息系统安全刑事案件应用法律若干问题的解释》第四条的规定,造成为一万以上用户提供服务的计算机信息系统不能正常运行累计一小时以上的,属于"后果严重",应以破坏计算机信息系统罪论处;造成为五万以上用户提供服务的计算机信息系统不能正常运行累计一小时以上的,属于"后果特别严重"。

认定遭受破坏的计算机信息系统服务用户数,可以根据计算机信息系统的功能和使用特点,结合网站注册用户、浏览用户等具体情况,作出客观判断。

相关法律规定

《中华人民共和国刑法》

第二百八十六条 违反国家规定,对计算机信息系统功能进行删除、修改、增加、干扰,造成计算机信息系统不能正常运行,后果严重的,处五年以下有期徒刑或者拘役;后果特别严重的,处五年以上有期徒刑。

《最高人民法院、最高人民检察院关于办理危害计算机信息系统安全刑事案件应用法律若干问题的解释》

第四条 破坏计算机信息系统功能、数据或者应用程序,具有下列情形之一的,应当认定为刑法第二百八十六条第一款和第二款规定的"后果严重":

……

(四)造成为一百台以上计算机信息系统提供域名解析、身份认证、计费等基础服务或者为一万以上用户提供服务的计算机信息系统不能正常运行累计一小时以上的;

……

实施前款规定行为,具有下列情形之一的,应当认定为破坏计算机信息系统"后果特别严重":

(二)造成为五百台以上计算机信息系统提供域名解析、身份认证、计费等基础服务或者为五万以上用户提供服务的计算机信息系统不能正常运行累计一小时以上的;

……

李骏杰等破坏计算机信息系统案

(检例第 34 号)

关键词

破坏计算机信息系统　删改购物评价购物网站评价系统

基本案情

被告人李骏杰，男，1985年7月生，原系浙江杭州某网络公司员工。

被告人胡榕，男，1975年1月生，原系江西省九江市公安局民警。

被告人黄福权，男，1987年9月生，务工。

被告人董伟，男，1983年5月生，无业。

被告人王凤昭，女，1988年11月生，务工。

2011年5月至2012年12月，被告人李骏杰在工作单位及自己家中，单独或伙同他人通过聊天软件联系需要修改中差评的某购物网站卖家，并从被告人黄福权等处购买发表中差评的该购物网站买家信息300余条。李骏杰冒用买家身份，骗取客服审核通过后重置账号密码，登录该购物网站内部评价系统，删改买家的中差评347个，获利9万余元。

经查：被告人胡榕利用职务之便，将获取的公民个人信息分别出售给被告人黄福权、董伟、王凤昭。

2012年12月11日，被告人李骏杰被公安机关抓获归案。此后，因涉嫌出售公民个人信息、非法获取公民个人信息，被告人胡榕、黄福权、董伟、王凤昭等人也被公安机关先后抓获。

诉讼过程和结果

本案由浙江省杭州市滨江区人民检察院于2014年3月24日以被告人李骏杰犯破坏计算机信息系统罪、被告人胡榕犯出售公民个人信息罪、被告人黄福权等人犯非法获取公民个人信息罪，向浙江省杭州市滨江区人民法院提起公诉。2015年1月12日，杭州市滨江区人民法院作出判决，认定被告人李骏杰的行为构成破坏计算机信息系统罪，判处有期徒刑五年；被告人胡榕的行为构成出售公民个人信息罪，判处有期徒刑十个月，并处罚金人民币二万元；被告人黄福权、董伟、王凤昭的行为构成非法获取公民个人信息罪，分别判处有期徒刑、拘役，并处罚金。一审宣判后，被告人董伟提出上诉。杭州市中级人民法院二审裁定驳回上诉，维持原判。判决已生效。

要旨

冒用购物网站买家身份进入网站内部评价系统删改购物评价，属于对计算机信息系统内存储数据进行修改操作，应当认定为破坏计算机信息系统的行为。

指导意义

购物网站评价系统是对店铺销量、买家评价等多方面因素进行综合计算分值的系统，其内部储存的数据直接影响到搜索流量分配、推荐排名、营销活动报名资格、同类商品在消费者购买比较时的公平性等。买家在购买商品后，根据用户体验对所购商品分别给出好评、中评、差评三种不同评价。所有的评价都是以数据形式存储于买家评价系统之中，成为整个购物网站计算机信息系统整体数据的重要组成部分。

侵入评价系统删改购物评价，其实质是对计算机信息系统内存储的数据进行删除、修改操作的行为。这种行为危害到计算机信息系统数据采集和流量分配体系运行，使网站注册商户及其商品、服务的搜索受到影响，导致网站商品、服务评价功能无法正常运作，侵害了购物网站所属公司的信息系统安全和消费者的知情权。行为人因删除、修改某购物网站中差评数据违法所得25000元以上，构成破坏计算机信息系统罪，属于"后果特别严重"的情形，应当依法判处五年以上有期徒刑。

相关法律规定

《中华人民共和国刑法》

第二百八十六条　违反国家规定，对计算机信息系统功能进行删除、修改、增加、干扰，造成计算机信息系统不能正常运行，后果严重的，处五年以下有期徒刑或者拘役；后果特别严重的，处五年以上有期徒刑。

违反国家规定，对计算机信息系统中存储、处理或者传输的数据和应用程序进行删除、修改、增加的操作，后果严重的，依照前款的规定处罚。

《最高人民法院、最高人民检察院关于办理危害计算机信息系统安全刑事案件应用法律若干问题的解释》

第四条　破坏计算机信息系统功能、数据或者应用程序，具有下列情形之一的，应当认定为刑法第二百八十六条第一款和第二款规定的"后果严重"：

……

（三）违法所得五千元以上或者造成经济损失一万元以上的；

……

实施前款规定行为，具有下列情形之一的，应当认定为破坏计算机信息系统"后果特别严重"：

（一）数量或者数额达到前款第（一）项至第（三）项规定标准五倍以上的；

……

《计算机信息网络国际联网安全保护管理办法》

第六条　任何单位和个人不得从事下列危害计算机信息网络安全的活动：

（一）未经允许，进入计算机信息网络或者使用计算机信息网络资源的；

（二）未经允许，对计算机信息网络功能进行删除、修改或者增加的；

（三）未经允许，对计算机信息网络中存储、处理或者传输的数据和应用程序进行删除、修改或者增加的；

（四）故意制作、传播计算机病毒等破坏性程序的；

（五）其他危害计算机信息网络安全的。

曾兴亮、王玉生破坏计算机信息系统案

（检例第 35 号）

关键词

破坏计算机信息系统　智能手机终端远程锁定

基本案情

被告人曾兴亮，男，1997 年 8 月生，农民。

被告人王玉生，男，1992 年 2 月生，农民。

2016 年 10 月至 11 月，被告人曾兴亮与王玉生结伙或者单独使用聊天社交软件，冒充年轻女性与被害人聊天，谎称自己的苹果手机因故障无法登录"iCloud"（云存储），请被害人代为登录，诱骗被害人先注销其苹果手机上原有的 ID，再使用被告人提供的 ID 及密码登录。随后，曾、王二人立即在电脑上使用新的 ID 及密码登录苹果官方网站，利用苹果手机相关功能将被害人的手机设置修改，并使用"密码保护问题"修改该 ID 的密码，从而远程锁定被害人的苹果手机。曾、王二人再在其个人电脑上，用网络聊天软件与被害人联系，以解锁为条件索要钱财。采用这种方式，曾兴亮单独或合伙作案共 21 起，涉及苹果手机 22 部，锁定苹果手机 21 部，索得人民币合计 7290 元；王玉生参与作案 12 起，涉及苹果手机 12 部，锁定苹果手机 11 部，索得人民币合计 4750 元。2016 年 11 月 24 日，二人被公安机关抓获。

诉讼过程和结果

本案由江苏省海安县人民检察院于 2016 年 12 月 23 日以被告人曾兴亮、王玉生犯破坏计算机信息系统罪向海安县人民法院提起公诉。2017 年 1 月 20 日，海安县人民法院作出判决，认定被告人曾兴亮、王玉生的行为构成破坏计算机信息系统罪，分别判处有期徒刑一年零三个月、有期徒刑六个月。一审宣判后，二被告人未上诉，判决已生效。

要旨

智能手机终端，应当认定为刑法保护的计算机信息系统。锁定智能手机导致不能使用的行为，可认定为破坏计算机信息系统。

指导意义

计算机信息系统包括计算机、网络设备、通信设备、自动化控制设备等。智能手机和计算机一样，使用独立的操作系统、独立的运行空间，可以由用户自行安装软件等程序，并可以通过移动通讯网络实现无线网络接入，应当认定为刑法上的"计算机信息系统"。

行为人通过修改被害人手机的登录密码，远程锁定被害人的智能手机设备，使之成为无法开机的"僵尸机"，属于对计算机信息系统功能进行修改、干扰的行为。造成10台以上智能手机系统不能正常运行，符合刑法第二百八十六条破坏计算机信息系统罪构成要件中"对计算机信息系统功能进行修改、干扰""后果严重"的情形，构成破坏计算机信息系统罪。

行为人采用非法手段锁定手机后以解锁为条件，索要钱财，在数额较大或多次敲诈的情况下，其目的行为又构成敲诈勒索罪。在这类犯罪案件中，手段行为构成的破坏计算机信息系统罪与目的行为构成的敲诈勒索罪之间成立牵连犯。牵连犯应当从一重罪处断。破坏计算机信息系统罪后果严重的情况下，法定刑为五年以下有期徒刑或者拘役；敲诈勒索罪在数额较大的情况下，法定刑为三年以下有期徒刑、拘役或管制，并处或者单处罚金。本案应以重罪即破坏计算机信息系统罪论处。

相关法律规定

《中华人民共和国刑法》

第二百八十六条 违反国家规定，对计算机信息系统功能进行删除、修改、增加、干扰，造成计算机信息系统不能正常运行，后果严重的，处五年以下有期徒刑或者拘役；后果特别严重的，处五年以上有期徒刑。

第二百七十四条 敲诈勒索公私财物，数额较大或者多次敲诈勒索的，处三年以下有期徒刑、拘役或者管制，并处或者单处罚金；数额巨大或者有其他严重情节的，处三年以上十年以下有期徒刑，并处罚金；数额特别巨大或者有其他特别严重情节的，处十年以上有期徒刑，并处罚金。

《最高人民法院、最高人民检察院关于办理危害计算机信息系统安全刑事案件应用法律若干问题的解释》

第十一条　本解释所称"计算机信息系统"和"计算机系统"，是指具备自动处理数据功能的系统，包括计算机、网络设备、通信设备、自动化控制设备等。

……

《最高人民法院、最高人民检察院关于办理敲诈勒索刑事案件适用法律若干问题的解释》

第一条　敲诈勒索公私财物价值二千元至五千元以上、三万元至十万元以上、三十万元至五十万元以上的，应当分别认定为刑法第二百七十四条规定的"数额较大""数额巨大""数额特别巨大"。

各省、自治区、直辖市高级人民法院、人民检察院可以根据本地区经济发展状况和社会治安状况，在前款规定的数额幅度内，共同研究确定本地区执行的具体数额标准，报最高人民法院、最高人民检察院批准。

《江苏省高级人民法院、江苏省人民检察院、江苏省公安厅关于我省执行敲诈勒索公私财物"数额较大""数额巨大""数额特别巨大"标准的意见》

根据《最高人民法院、最高人民检察院关于办理敲诈勒索刑事案件适用法律若干问题的解释》的规定，结合我省经济发展和社会治安实际状况，确定我省执行刑法第二百七十四条规定的敲诈勒索公私财物"数额较大""数额巨大""数额特别巨大"标准如下：

一、敲诈勒索公私财物价值人民币四千元以上的，为"数

额较大";

二、敲诈勒索公私财物价值人民币六万元以上的,为"数额巨大";

……

卫梦龙、龚旭、薛东东非法获取计算机信息系统数据案

(检例第 36 号)

关键词

非法获取计算机信息系统数据　超出授权范围登录　侵入计算机信息系统

基本案情

被告人卫梦龙，男，1987 年 10 月生，原系北京某公司经理。

被告人龚旭，女，1983 年 9 月生，原系北京某大型网络公司运营规划管理部员工。

被告人薛东东，男，1989 年 12 月生，无固定职业。

被告人卫梦龙曾于 2012 年至 2014 年在北京某大型网络公司工作，被告人龚旭供职于该大型网络公司运营规划管理部，两人原系同事。被告人薛东东系卫梦龙商业合作伙伴。

因工作需要，龚旭拥有登录该大型网络公司内部管理开发系统的账号、密码、Token 令牌（计算机身份认证令牌），具有查看工作范围内相关数据信息的权限。但该大型网络公司禁止员工私自在内部管理开发系统查看、下载非工作范围内的电子数据

信息。

2016年6月至9月,经事先合谋,龚旭向卫梦龙提供自己所掌握的该大型网络公司内部管理开发系统账号、密码、Token令牌。卫梦龙利用龚旭提供的账号、密码、Token令牌,违反规定多次在异地登录该大型网络公司内部管理开发系统,查询、下载该计算机信息系统中储存的电子数据。后卫梦龙将非法获取的电子数据交由薛东东通过互联网出售牟利,违法所得共计3.7万元。

诉讼过程和结果

本案由北京市海淀区人民检察院于2017年2月9日以被告人卫梦龙、龚旭、薛东东犯非法获取计算机信息系统数据罪,向北京市海淀区人民法院提起公诉。6月6日,北京市海淀区人民法院作出判决,认定被告人卫梦龙、龚旭、薛东东的行为构成非法获取计算机信息系统数据罪,情节特别严重。判处卫梦龙有期徒刑四年,并处罚金人民币四万元;判处龚旭有期徒刑三年零九个月,并处罚金人民币四万元;判处薛东东有期徒刑四年,并处罚金人民币四万元。一审宣判后,三被告人未上诉,判决已生效。

要旨

超出授权范围使用账号、密码登录计算机信息系统,属于侵入计算机信息系统的行为;侵入计算机信息系统后下载其储存的数据,可以认定为非法获取计算机信息系统数据。

指导意义

非法获取计算机信息系统数据罪中的"侵入",是指违背被害人意愿、非法进入计算机信息系统的行为。其表现形式既包括采用技术手段破坏系统防护进入计算机信息系统,也包括未取得被害人授权擅自进入计算机信息系统,还包括超出被害人授权范围进入计算机信息系统。

本案中,被告人龚旭将自己因工作需要掌握的本公司账号、密码、Token令牌等交由卫梦龙登录该公司管理开发系统获取数据,虽不属于通过技术手段侵入计算机信息系统,但内外勾结擅自登录公司内部管理开发系统下载数据,明显超出正常授权范围。超出授权范围使用账号、密码、Token令牌登录系统,也属于侵入计算机信息系统的行为。行为人违反《计算机信息系统安全保护条例》第七条、《计算机信息网络国际联网安全保护管理办法》第六条第一项等国家规定,实施了非法侵入并下载获取计算机信息系统中存储的数据的行为,构成非法获取计算机信息系统数据罪。按照2011年《最高人民法院、最高人民检察院关于办理危害计算机信息系统安全刑事案件应用法律若干问题的解释》规定,构成犯罪,违法所得二万五千元以上,应当认定为"情节特别严重",处三年以上七年以下有期徒刑,并处罚金。

相关法律规定

《中华人民共和国刑法》

第二百八十五条 违反国家规定,侵入国家事务、国防建设、尖端科学技术领域的计算机信息系统的,处三年以下有期徒刑或者拘役。

违反国家规定，侵入前款规定以外的计算机信息系统或者采用其他技术手段，获取该计算机信息系统中存储、处理或者传输的数据，或者对该计算机信息系统实施非法控制，情节严重的，处三年以下有期徒刑或者拘役，并处或者单处罚金；情节特别严重的，处三年以上七年以下有期徒刑，并处罚金。

《最高人民法院、最高人民检察院关于办理危害计算机信息系统安全刑事案件应用法律若干问题的解释》

第一条 非法获取计算机信息系统数据或者非法控制计算机信息系统，具有下列情形之一的，应当认定为刑法第二百八十五条第二款规定的"情节严重"：

……

（四）违法所得五千元以上或者造成经济损失一万元以上的；

……

实施前款规定行为，具有下列情形之一的，应当认定为刑法第二百八十五条第二款规定的"情节特别严重"：

（一）数量或者数额达到前款第（一）项至第（四）项规定标准五倍以上的；

……

《中华人民共和国计算机信息系统安全保护条例》

第七条 任何组织或者个人，不得利用计算机信息系统从事危害国家利益、集体利益和公民合法利益的活动，不得危害计算机信息系统的安全。

《计算机信息网络国际联网安全保护管理办法》

第六条 任何单位和个人不得从事下列危害计算机信息网络

安全的活动：

（一）未经允许，进入计算机信息网络或者使用计算机信息网络资源的；

（二）未经允许，对计算机信息网络功能进行删除、修改或者增加的；

（三）未经允许，对计算机信息网络中存储、处理或者传输的数据和应用程序进行删除、修改或者增加的；

（四）故意制作、传播计算机病毒等破坏性程序的；

（五）其他危害计算机信息网络安全的。

张四毛盗窃案

（检例第 37 号）

关键词

盗窃　网络域名　财产属性　域名价值

基本案情

被告人张四毛，男，1989 年 7 月生，无业。

2009 年 5 月，被害人陈某在大连市西岗区登录网络域名注册网站，以人民币 11.85 万元竞拍取得"www.8.cc"域名，并交由域名维护公司维护。

被告人张四毛预谋窃取陈某拥有的域名"www.8.cc"，其先利用技术手段破解该域名所绑定的邮箱密码，后将该网络域名转移绑定到自己的邮箱上。2010 年 8 月 6 日，张四毛将该域名从原有的维护公司转移到自己在另一网络公司申请的 ID 上，又于 2011 年 3 月 16 日将该网络域名再次转移到张四毛冒用"龙嫦"身份申请的 ID 上，并更换绑定邮箱。2011 年 6 月，张四毛在网上域名交易平台将网络域名"www.8.cc"以人民币 12.5 万元出售给李某。2015 年 9 月 29 日，张四毛被公安机关抓获。

诉讼过程和结果

本案由辽宁省大连市西岗区人民检察院于 2016 年 3 月 22 日以被告人张四毛犯盗窃罪向大连市西岗区人民法院提起公诉。2016 年 5 月 5 日，大连市西岗区人民法院作出判决，认定被告人张四毛的行为构成盗窃罪，判处有期徒刑四年零七个月，并处罚金人民币五万元。一审宣判后，当事人未上诉，判决已生效。

要旨

网络域名具备法律意义上的财产属性，盗窃网络域名可以认定为盗窃行为。

指导意义

网络域名是网络用户进入门户网站的一种便捷途径，是吸引网络用户进入其网站的窗口。网络域名注册人注册了某域名后，该域名将不能再被其他人申请注册并使用，因此网络域名具有专属性和唯一性。网络域名属稀缺资源，其所有人可以对域名行使出售、变更、注销、抛弃等处分权利。网络域名具有市场交换价值，所有人可以以货币形式进行交易。通过合法途径获得的网络域名，其注册人利益受法律承认和保护。本案中，行为人利用技术手段，通过变更网络域名绑定邮箱及注册 ID，实现了对域名的非法占有，并使原所有人丧失了对网络域名的合法占有和控制，其目的是为了非法获取网络域名的财产价值，其行为给网络域名的所有人带来直接的经济损失。该行为符合以非法占有为目的窃取他人财产利益的盗窃罪本质属性，应以盗窃罪论处。对于网络域名的价值，当前可综合考虑网络域名的购入价、销赃价、域名升值潜力、市场热度等综合认定。

相关法律规定

《中华人民共和国刑法》

第二百六十四条　盗窃公私财物，数额较大的，或者多次盗窃、入户盗窃、携带凶器盗窃、扒窃的，处三年以下有期徒刑、拘役或者管制，并处或者单处罚金；数额巨大或者有其他严重情节的，处三年以上十年以下有期徒刑，并处罚金；数额特别巨大或者有其他特别严重情节的，处十年以上有期徒刑或者无期徒刑，并处罚金或者没收财产。

董亮等四人诈骗案

(检例第38号)

关键词

诈骗　自我交易　打车软件　骗取补贴

基本案情

被告人董亮，男，1981年9月生，无固定职业。

被告人谈申贤，男，1984年7月生，无固定职业。

被告人高炯，男，1974年12月生，无固定职业。

被告人宋瑞华，女，1977年4月生，原系上海杨浦火车站员工。

2015年，某网约车平台注册登记司机董亮、谈申贤、高炯、宋瑞华，分别用购买、租赁未实名登记的手机号注册网约车乘客端，并在乘客端账户内预充打车费一二十元。随后，他们各自虚构用车订单，并用本人或其实际控制的其他司机端账户接单，发起较短距离用车需求，后又故意变更目的地延长乘车距离，致使应付车费大幅提高。由于乘客端账户预存打车费较少，无法支付全额车费。网约车公司为提升市场占有率，按照内部规定，在这种情况下由公司垫付车费，同样给予司机承接订单的补贴。四被告人采用这一手段，分别非法获取网约车公司垫付车费及公司给予司机承接订单的补贴。董亮获取 40664.94 元，谈申贤获取 14211.99 元，高炯获取 38943.01 元，宋瑞华获取 6627.43 元。

诉讼过程和结果

本案由上海市普陀区人民检察院于 2016 年 4 月 1 日以被告人董亮、谈申贤、高炯、宋瑞华犯诈骗罪向上海市普陀区人民法院提起公诉。2016 年 4 月 18 日，上海市普陀区人民法院作出判决，认定被告人董亮、谈申贤、高炯、宋瑞华的行为构成诈骗罪，综合考虑四被告人到案后能如实供述自己的罪行，依法可从轻处罚，四被告人家属均已代为全额退赔赃款，可酌情从轻处罚，分别判处被告人董亮有期徒刑一年，并处罚金人民币一千元；被告人谈申贤有期徒刑十个月，并处罚金人民币一千元；被告人高炯有期徒刑一年，并处罚金人民币一千元；被告人宋瑞华有期徒刑八个月，并处罚金人民币一千元；四被告人所得赃款依法发还被害单位。一审宣判后，四被告人未上诉，判决已生效。

要旨

以非法占有为目的，采用自我交易方式，虚构提供服务事实，骗取互联网公司垫付费用及订单补贴，数额较大的行为，应认定为诈骗罪。

指导意义

当前，网络约车、网络订餐等互联网经济新形态发展迅速。

一些互联网公司为抢占市场，以提供订单补贴的形式吸引客户参与。某些不法分子采取违法手段，骗取互联网公司给予的补贴，数额较大的，可以构成诈骗罪。

在网络约车中，行为人以非法占有为目的，通过网约车平台与网约车公司进行交流，发出虚构的用车需求，使网约车公司误认为是符合公司补贴规则的订单，基于错误认识，给予行为人垫付车费及订单补贴的行为，符合诈骗罪的本质特征，是一种新型诈骗罪的表现形式。

相关法律规定

《中华人民共和国刑法》

第二百六十六条　诈骗公私财物，数额较大的，处三年以下有期徒刑、拘役或者管制，并处或者单处罚金；数额巨大或者有其他严重情节的，处三年以上十年以下有期徒刑，并处罚金；数额特别巨大或者有其他特别严重情节的，处十年以上有期徒刑或者无期徒刑，并处罚金或者没收财产。本法另有规定的，依照规定。

附录二　最高人民检察院关于印发《检察机关办理电信网络诈骗案件指引》的通知

(高检发侦监字〔2018〕12号)

各省、自治区、直辖市人民检察院，新疆生产建设兵团人民检察院：

《检察机关办理电信网络诈骗案件指引》已经2018年8月24日最高人民检察院第十三届检察委员会第五次会议通过，现印发你们，供参考。

最高人民检察院
2018年11月9日

检察机关办理电信网络诈骗案件指引

目　次

一、审查证据的基本要求
（一）审查逮捕
（二）审查起诉

二、需要特别注意的问题
（一）电信网络诈骗犯罪的界定
（二）犯罪形态的审查
（三）诈骗数额及发送信息、拨打电话次数的认定
（四）共同犯罪及主从犯责任的认定
（五）关联犯罪事前通谋的审查
（六）电子数据的审查
（七）境外证据的审查

三、社会危险性及羁押必要性审查
（一）审查逮捕
（二）审查起诉

电信网络诈骗犯罪，是指以非法占有为目的，利用电话、短信、互联网等电信网络技术手段，虚构事实，设置骗局，实施远程、非接触式诈骗，骗取公私财物的犯罪行为。根据《中华人民共和国刑法》第二百六十六条、《最高人民法院、最高人民检

察院关于办理诈骗刑事案件具体应用法律若干问题的解释》（法释〔2011〕7号）（以下简称《解释》）、《最高人民法院、最高人民检察院、公安部关于办理电信网络诈骗等刑事案件适用法律若干问题的意见》（法发〔2016〕32号）（以下简称《意见》），办理电信网络诈骗案件除了要把握普通诈骗案件的基本要求外，还要特别注意以下问题：一是电信网络诈骗犯罪的界定；二是犯罪形态的审查；三是诈骗数额及发送信息、拨打电话次数的认定；四是共同犯罪及主从犯责任的认定；五是关联犯罪事前通谋的审查；六是电子数据的审查；七是境外证据的审查。

一、审查证据的基本要求

（一）审查逮捕

1. 有证据证明发生了电信网络诈骗犯罪事实

（1）证明电信网络诈骗案件发生

证据主要包括：报案登记、受案登记、受案笔录、立案决定书、破案经过、证人证言、被害人陈述、犯罪嫌疑人供述和辩解、被害人银行开户申请、开户明细单、银行转账凭证、银行账户交易记录、银行汇款单、网银转账记录、第三方支付结算交易记录、手机转账信息等证据。跨国电信网络诈骗还可能需要有国外有关部门出具的与案件有关的书面材料。

（2）证明电信网络诈骗行为的危害结果

①证明诈骗数额达到追诉标准的证据：证人证言、被害人陈述、犯罪嫌疑人供述和辩解、银行转账凭证、汇款凭证、转账信息、银行卡、银行账户交易记录、第三方支付结算交易记录以及其他与电信网络诈骗关联的账户交易记录、犯罪嫌疑人提成记

录、诈骗账目记录等证据以及其它有关证据。

②证明发送信息条数、拨打电话次数以及页面浏览量达到追诉标准的证据：QQ、微信、skype等即时通讯工具聊天记录、CDR电话清单、短信记录、电话录音、电子邮件、远程勘验笔录、电子数据鉴定意见、网页浏览次数统计、网页浏览次数鉴定意见、改号软件、语音软件的登录情况及数据、拨打电话记录内部资料以及其他有关证据。

2. 有证据证明诈骗行为是犯罪嫌疑人实施的

（1）言词证据：证人证言、被害人陈述、犯罪嫌疑人供述和辩解等，注意审查犯罪嫌疑人供述的行为方式与被害人陈述的被骗方式、交付财物过程或者其他证据是否一致。对于团伙作案的，要重视对同案犯罪嫌疑人供述和辩解的审查，梳理各个同案犯罪嫌疑人的指证是否相互印证。

（2）有关资金链条的证据：银行转账凭证、交易流水、第三方支付交易记录以及其他关联账户交易记录、现场查扣的书证、与犯罪关联的银行卡及申请资料等，从中审查相关银行卡信息与被害人存款、转移赃款等账号有无关联，资金交付支配占有过程；犯罪嫌疑人的短信以及QQ、微信、skype等即时通讯工具聊天记录，审查与犯罪有关的信息，是否出现过与本案资金流转有关的银行卡账号、资金流水等信息。要注意审查被害人转账、汇款账号、资金流向等是否有相应证据印证赃款由犯罪嫌疑人取得。对诈骗集团租用或交叉使用账户的，要结合相关言词证据及书证、物证、勘验笔录等分析认定。

（3）有关信息链条的证据：侦查机关远程勘验笔录，远程提取证据笔录、CDR电话清单、查获的手机IMEI串号、语音网关设备、路由设备、交换设备、手持终端等。要注意审查诈骗窝点物理 IP 地址是否与所使用电话 CDR 数据清单中记录的主叫 IP 地址或 IP 地址所使用的线路（包括此线路的账号、用户名称、对接服务器、语音网关、手持终端等设备的 IP 配置）一致，电话 CDR 数据清单中是否存在被害人的相关信息资料，改号电话显示号码、呼叫时间、电话、IP 地址是否与被害人陈述及其它在案证据印证。在电信网络诈骗窝点查获的手机 IMEI 串号以及其他电子作案工具，是否与被害人所接到的诈骗电话显示的信息来源一致。

（4）其他证据：跨境电信网络诈骗犯罪案件犯罪嫌疑人出入境记录、户籍证明材料、在境外使用的网络设备及虚拟网络身份的网络信息，证明犯罪嫌疑人出入境情况及身份情况。诈骗窝点的纸质和电子账目报表，审查时间、金额等细节是否与被害人陈述相互印证。犯罪过程中记载被害人身份、诈骗数额、时间等信息的流转单，审查相关信息是否与被害人陈述、银行转账记录等相互印证。犯罪嫌疑人之间的聊天记录、诈骗脚本、内部分工、培训资料、监控视频等证据，审查犯罪的具体手法、过程。购买作案工具和资源（手机卡、银行卡、POS 机、服务器、木马病毒、改号软件、公民个人信息等）的资金流水、电子数据等证据。

3. 有证据证明犯罪嫌疑人具有诈骗的主观故意

（1）证明犯罪嫌疑人主观故意的证据：犯罪嫌疑人的供述和辩解、证人证言、同案犯指证；诈骗脚本、诈骗信息内容、工作日记、分工手册、犯罪嫌疑人的具体职责、地位、参与实施诈骗行为的时间等；赃款的账册、分赃的记录、诈骗账目记录、提成记录、工作环境、工作形式等；短信、QQ、微信、skype 等即时通讯工具聊天记录等，审查其中是否出现有关诈骗的内容以及诈骗专门用的黑话、暗语等。

（2）证明提供帮助者的主观故意的证据：提供帮助犯罪嫌疑人供述和辩解、电信网络诈骗犯罪嫌疑人的指证、证人证言；双方短信以及QQ、微信、skype等即时通讯工具聊天记录等信息材料；犯罪嫌疑人的履历、前科记录、行政处罚记录、双方资金往来的凭证、犯罪嫌疑人提供帮助、协助的收益数额、取款时的监控视频、收入记录、处罚判决情况等。

（二）审查起诉

除审查逮捕阶段证据审查基本要求之外，对电信网络诈骗案件的审查起诉工作还应坚持"犯罪事实清楚，证据确实、充分"的标准，保证定罪量刑的事实都有证据证明；据以定案的证据均经法定程序查证属实；综合全案证据，对所认定的事实均已排除合理怀疑。

1. 有确实充分的证据证明发生了电信网络诈骗犯罪事实

（1）证明电信网络诈骗事实发生。除审查逮捕要求的证据类型之外，跨国电信网络诈骗还需要有出入境记录、飞机铁路等交通工具出行记录，必要时需国外有关部门出具的与案件有关的书面证据材料，包括原件、翻译件、使领馆认证文件等。

（2）证明电信网络诈骗行为的危害结果

①证明诈骗数额达到追诉标准的证据：能查清诈骗事实的相关证人证言、被害人陈述、犯罪嫌疑人供述和辩解、银行账户交易明细、交易凭证、第三方支付结算交易记录以及其他与电信网络诈骗关联的账户交易记录、犯罪嫌疑人的诈骗账目记录以及其它有关证据。

需要特别注意"犯罪数额接近提档"的情形。当诈骗数额接近"数额巨大""数额特别巨大"的标准（一般掌握在80%

以上,即达到 2.4 万元、40 万元),根据《解释》和《意见》的规定,具有《意见》第二条第二款"酌情从重处罚"十种情形之一的,应当分别认定为刑法第二百六十六条规定的"其他严重情节""其他特别严重情节",提高一档量刑。

②证明发送信息条数、拨打电话次数以及页面浏览量达到追诉标准的证据类型与审查逮捕的证据类型相同。

2. 有确实充分的证据证明诈骗行为是犯罪嫌疑人实施的

(1) 有关资金链条的证据。重点审查被害人的银行交易记录和犯罪嫌疑人持有的银行卡及账号的交易记录,用于查明被害人遭受的财产损失及犯罪嫌疑人诈骗的犯罪数额;重点审查犯罪嫌疑人的短信,以及 QQ、微信、skype 等即时通讯工具聊天记录,用于查明是否出现涉案银行卡账号、资金流转等犯罪信息,赃款是否由犯罪嫌疑人取得。此外,对诈骗团伙或犯罪集团租用或交叉使用多层级账户洗钱的,要结合资金存取流转的书证、监控录像、辨认笔录、证人证言、被害人陈述、犯罪嫌疑人供述和辩解等证据分析认定。

(2) 有关人员链条的证据。电信网络诈骗多为共同犯罪,在审查刑事责任年龄、刑事责任能力方面的证据基础上,应重点审查犯罪嫌疑人供述和辩解、手机通信记录等,通过自供和互证,以及与其他证据之间的相互印证,查明各自的分工和作用,以区分主、从犯。对于分工明确、有明显首要分子、较为固定的组织结构的三人以上固定的犯罪组织,应当认定为犯罪集团。

言词证据及有关信息链条的证据与审查逮捕的证据类型相同。

3. 有确实充分的证据证明犯罪嫌疑人具有诈骗的主观故意

证明犯罪嫌疑人及提供帮助者主观故意的证据类型同审查逮捕证据类型相同。需要注意的是,由于犯罪嫌疑人各自分工不同,其供述和辩解也呈现不同的证明力。一般而言,专门行骗人对于单起事实的细节记忆相对粗略,只能供述诈骗的手段和方式;专业取款人对于取款的具体细目记忆也粗略,只能供述大概经过和情况,重点审查犯罪手段的同类性、共同犯罪人之间的关系及各自分工和作用。

二、需要特别注意的问题

在电信网络诈骗案件审查逮捕、审查起诉中,要根据相关法律、司法解释等规定,结合在案证据,重点注意以下问题:

(一)电信网络诈骗犯罪的界定

1. 此罪彼罪

在一些案件中,尤其是利用网络钓鱼、木马链接实施犯罪的案件中,既存在虚构事实、隐瞒真相的诈骗行为,又可能存在秘密窃取的行为,关键要审查犯罪嫌疑人取得财物是否基于被害人对财物的主动处分意识。如果行为人通过秘密窃取的行为获取他人财物,则应认定构成盗窃罪;如果窃取或者骗取的是他人信用卡资料,并通过互联网、通讯终端等使用的,根据《最高人民法院、最高人民检察院关于办理妨害信用卡管理刑事案件具体应用法律若干问题的解释》(法释〔2009〕19号),则可能构成信用卡诈骗罪;如果通过电信网络技术向不特定多数人发送诈骗信息后又转入接触式诈骗,或者为实现诈骗目的,线上线下并行同时进行接触式和非接触式诈骗,应当按照诈骗取财行为的本质定性,虽然使用电信网络技术但被害人基于接触被骗的,应当认定普通诈骗;如果出现电信网络诈骗和合同诈骗、保险诈骗等特殊诈骗罪名的竞合,应依据刑法有关规定定罪量刑。

2. 追诉标准低于普通诈骗犯罪且无地域差别

追诉标准直接决定了法律适用问题甚至罪与非罪的认定。《意见》规定，利用电信网络技术手段实施诈骗，诈骗公私财物价值三千元以上的，认定为刑法第二百六十六条规定的"数额较大"。而《解释》规定，"诈骗公私财物价值三千元至一万元以上的，认定为刑法第二百六十六条规定的"数额较大"。因此，电信网络诈骗的追诉标准要低于普通诈骗的追诉标准，且全国统一无地域差别，即犯罪数额达到三千元以上、三万元以上、五十万元以上的，应当分别认定为刑法第二百六十六条规定的"数额较大""数额巨大""数额特别巨大"。

（二）犯罪形态的审查

1. 可以查证诈骗数额的未遂

电信网络诈骗应以被害人失去对被骗钱款的实际控制为既遂认定标准。一般情形下，诈骗款项转出后即时到账构成既遂。但随着银行自助设备、第三方支付平台陆续推出"延时到账""撤销转账"等功能，被害人通过自助设备、第三方支付平台向犯罪嫌疑人指定账户转账，可在规定时间内撤销转账，资金并未实时转出。此种情形下被害人并未对被骗款项完全失去控制，而犯罪嫌疑人亦未取得实际控制，应当认定为未遂。

2. 无法查证诈骗数额的未遂

根据《意见》规定，对于诈骗数额难以查证的，犯罪嫌疑人发送诈骗信息五千条以上，或者拨打诈骗电话五百人次以上，或者在互联网上发布诈骗信息的页面浏览量累计五千次以上，可以认定为诈骗罪中"其他严重情节"，以诈骗罪（未遂）定罪处罚。具有上述情形，数量达到相应标准十倍以上的，应当认定为刑法第二百六十六条规定的"其他特别严重情节"，以诈骗罪

（未遂）定罪处罚。

（三）诈骗数额及发送信息、拨打电话次数的认定

1. 诈骗数额的认定

（1）根据犯罪集团诈骗账目登记表、犯罪嫌疑人提成表等书证，结合证人证言、犯罪嫌疑人供述和辩解等言词证据，认定犯罪嫌疑人的诈骗数额。

（2）根据经查证属实的银行账户交易记录、第三方支付结算账户交易记录、通话记录、电子数据等证据，结合已收集的被害人陈述，认定被害人人数及诈骗资金数额。

（3）对于确因客观原因无法查实全部被害人，尽管有证据证明该账户系用于电信网络诈骗犯罪，且犯罪嫌疑人无法说明款项合法来源的，也不能简单将账户内的款项全部推定为"犯罪数额"。要根据在案其他证据，认定犯罪集团是否有其他收入来源，"违法所得"有无其他可能性。如果证据足以证实"违法所得"的排他性，则可以将"违法所得"均认定为犯罪数额。

（4）犯罪嫌疑人为实施犯罪购买作案工具、伪装道具、租用场地、交通工具甚至雇佣他人等诈骗成本不能从诈骗数额中扣除。对通过向被害人交付一定货币，进而骗取其信任并实施诈骗的，由于货币具有流通性和经济价值，该部分货币可以从诈骗数额中扣除。

2. 发送信息、拨打电话次数的认定

（1）拨打电话包括拨出诈骗电话和接听被害人回拨电话。反复拨打、接听同一电话号码，以及反复向同一被害人发送诈骗信息的，拨打、接听电话次数、发送信息条数累计计算。

（2）被害人是否接听、接收到诈骗电话、信息不影响次数、条数计算。

（3）通过语音包发送的诈骗录音或通过网络等工具辅助拨出的电话，应当认定为拨打电话。

（4）发送信息条数、拨打电话次数的证据难以收集的，可以根据经查证属实的日发送信息条数、日拨打人次数，结合犯罪嫌疑人实施犯罪的时间、犯罪嫌疑人的供述等相关证据予以认定。

（5）发送信息条数和拨打电话次数在法律及司法解释未明确的情况下不宜换算累加。

（四）共同犯罪及主从犯责任的认定

1. 对于三人以上为实施电信网络诈骗而组成的较为固定的犯罪组织，应当依法认定为犯罪集团。对于犯罪集团的首要分子，按照集团所犯全部犯罪处罚，并且对犯罪集团中组织、指挥、策划者和骨干分子依法从严惩处。

2. 对于其余主犯，按照其所参与或者组织、指挥的全部犯罪处罚。多人共同实施电信网络诈骗，犯罪嫌疑人、被告人应对其参与期间该诈骗团伙实施的全部诈骗行为承担责任。

3. 对于部分被招募发送信息、拨打电话的犯罪嫌疑人，应当对其参与期间整个诈骗团伙的诈骗行为承担刑事责任，但可以考虑参与时间较短、诈骗数额较低、发送信息、拨打电话较少，认定为从犯，从宽处理。

4. 对于专门取款人，由于其可在短时间内将被骗款项异地转移，对诈骗既遂起到了至关重要的作用，也大大增加了侦查和追赃难度，因此应按其在共同犯罪中的具体作用进行认定，不宜一律认定为从犯。

（五）关联犯罪事前通谋的审查

根据《意见》规定，明知是电信网络诈骗犯罪所得及其产生的收益,通过使用销售点终端机具(POS机)刷卡套现等非法途径,协助转换或者转移财物等五种方式转账、套现、取现的,需要与直接实施电信网络诈骗犯罪嫌疑人事前通谋的才以共同犯罪论处。因此,应当重点审查帮助转换或者转移财物行为人是否在诈骗犯罪既遂之前与实施诈骗犯罪嫌疑人共谋或者虽无共谋但明知他人实施犯罪而提供帮助。对于帮助者明知的内容和程度,并不要求其明知被帮助者实施诈骗行为的具体细节,其只要认识到对方实施诈骗犯罪行为即可。审查时,要根据犯罪嫌疑人的认知能力、既往经历、行为次数和手段、与他人关系、获利情况、是否曾因电信网络诈骗受过处罚以及是否故意规避调查等主客观因素分析认定。

(六)电子数据的审查

1. 电子数据真实性的审查

(1)是否移送原始存储介质;在原始存储介质无法封存、不便移动时,有无说明原因,并注明收集、提取过程及原始存储介质的存放地点或者电子数据的来源等情况。

(2)电子数据是否具有数字签名、数字证书等特殊标识。

(3)电子数据的收集、提取过程是否可以重现。

(4)电子数据如有增加、删除、修改等情形的,是否附有说明。

(5)电子数据的完整性是否可以保证。

2. 电子数据合法性的审查

(1)收集、提取电子数据是否由二名以上侦查人员进行,取证方法是否符合相关技术标准。

(2)收集、提取电子数据,是否附有笔录、清单,并经侦查人员、电子数据持有人(提供人)、见证人签名或者盖章;没有持有人（提供人）签名或者盖章的，是否注明原因；对电子数据的类别、文件格式等是否注明清楚。

（3）是否依照有关规定由符合条件的人员担任见证人，是否对相关活动进行录像。

（4）电子数据检查是否将电子数据存储介质通过写保护设备接入到检查设备；有条件的，是否制作电子数据备份，并对备份进行检查；无法制作备份且无法使用写保护设备的，是否附有录像。

（5）通过技术侦查措施，利用远程计算机信息系统进行网络远程勘验收集到电子数据，作为证据使用的，是否随案移送批准采取技术侦查措施的法律文书和所收集的证据材料，是否对其来源等作出书面说明。

（6）对电子数据作出鉴定意见的鉴定机构是否具有司法鉴定资质。

3. 电子数据的采信

（1）经过公安机关补正或者作出合理解释可以采信的电子数据：未以封存状态移送的；笔录或者清单上没有侦查人员、电子数据持有人（提供人）、见证人签名或者盖章的；对电子数据的名称、类别、格式等注明不清的；有其他瑕疵的。

（2）不能采信的电子数据：电子数据系篡改、伪造或者无法确定真伪的；电子数据有增加、删除、修改等情形，影响电子数据真实性的；其他无法保证电子数据真实性的情形。

（七）境外证据的审查

1. 证据来源合法性的审查

境外证据的来源包括：外交文件（国际条约、互助协议）；司法协助（刑事司法协助、平等互助原则）；警务合作（国际警务合作机制、国际刑警组织)。

由于上述来源方式均需要有法定的程序和条件,对境外证据的审查要注意:证据来源是否是通过上述途径收集,审查报批、审批手续是否完备,程序是否合法;证据材料移交过程是否合法,手续是否齐全,确保境外证据的来源合法性。

2. 证据转换的规范性审查

对于不符合我国证据种类和收集程序要求的境外证据,侦查机关要重新进行转换和固定,才能作为证据使用。注重审查:

(1) 境外交接证据过程的连续性,是否有交接文书,交接文书是否包含接收证据。

(2) 接收移交、开箱、登记时是否全程录像,确保交接过程的真实性,交接物品的完整性。

(3) 境外证据按照我国证据收集程序重新进行固定的,依据相关规定进行,注意证据转换过程的连续性和真实性的审查。

(4) 公安机关是否对境外证据来源、提取人、提取时间或者提供人、提供时间以及保管移交的过程等作出说明,有无对电子数据完整性等专门性问题的鉴定意见等。

(5) 无法确认证据来源、证据真实性、收集程序违法无法补正等境外证据应予排除。

3. 其他来源的境外证据的审查

通过其他渠道收集的境外证据材料,作为证据使用的,应注重对其来源、提供人、提供时间以及提取人、提取时间进行审查。能够证明案件事实且符合刑事诉讼法规定的,可以作为证据使用。

三、社会危险性及羁押必要性审查

(一) 审查逮捕

符合下列情形之一的,可以结合案件具体情况考虑认定犯罪嫌疑人具有社会危险性,有羁押必要:

1. 《最高人民检察院、公安部关于逮捕社会危险性条件若干问题的规定(试行)》(高检会〔2015〕9号)规定的具有社会危险性情节的。

2. 犯罪嫌疑人是诈骗团伙的首要分子或者主犯。对于首要分子,要重点审查其在电信网络诈骗集团中是否起到组织、策划、指挥作用。对于其他主犯,要重点审查其是否是犯意的发起者、犯罪的组织者、策划者、指挥者、主要责任者,是否参与了犯罪的全过程或关键环节以及在犯罪中所起的作用:诈骗团伙的具体管理者、组织者、招募者、电脑操盘人员、对诈骗成员进行培训的人员以及制作、提供诈骗方案、术语清单、语音包、信息的人员可以认定为主犯;取款组、供卡组、公民个人信息提供组等负责人,对维持诈骗团伙运转起着重要作用的,可以认定为主犯;对于其他实行犯是否属于主犯,主要通过其参加时段实施共同犯罪活动的程度、具体罪行的大小、对造成危害后果的作用等来认定。

3. 有证据证明犯罪嫌疑人实施诈骗行为,犯罪嫌疑人拒不供认或者作虚假供述的。

4. 有证据显示犯罪嫌疑人参与诈骗且既遂数额巨大、被害人众多,诈骗数额等需进一步核实的。

5. 有证据证明犯罪嫌疑人参与诈骗的时间长,应当明知诈骗团伙其他同案犯犯罪事实的，但犯罪嫌疑人拒绝指证或虚假指证的。

6. 其他具有社会危险性或羁押必要的情形。

在犯罪嫌疑人罪行较轻的前提下，根据犯罪嫌疑人在犯罪团伙中的地位、作用、参与时间、工作内容、认罪态度、悔罪表现等情节，结合案件整体情况，依据主客观相一致原则综合判断犯罪嫌疑人的社会危险性或者羁押必要性。在犯罪嫌疑人真诚认罪悔罪，如实供述且供述稳定的情况下，有下列情形的可以考虑社会危险性较小：

1. 预备犯、中止犯。

2. 直接参与诈骗的数额未达巨大，有自首、立功表现的。

3. 直接参与诈骗的数额未达巨大，参与时间短的发送信息、拨打电话人员。

4. 涉案数额未达巨大，受雇负责饮食、住宿等辅助工作人员。

5. 直接参与诈骗的数额未达巨大，积极退赃的从犯。

6. 被胁迫参加电信网络诈骗团伙，没有造成严重影响和后果的。

7. 其他社会危险性较小的情形。

需要注意的是，对犯罪嫌疑人社会危险性的把握，要根据案件社会影响、造成危害后果、打击力度的需要等多方面综合判断和考虑。

（二）审查起诉

在审查起诉阶段，要结合侦查阶段取得的事实证据，进一步引导侦查机关加大捕后侦查力度，及时审查新证据。在羁押期限届满前对全案进行综合审查，对于未达到逮捕证明标准的，撤销原逮捕决定。

经羁押必要性审查，发现犯罪嫌疑人具有下列情形之一的，应当向办案机关提出释放或者变更强制措施的建议：

1. 案件证据发生重大变化，没有证据证明有犯罪事实或者犯罪行为系犯罪嫌疑人、被告人所为的。

2. 案件事实或者情节发生变化，犯罪嫌疑人、被告人可能被判处拘役、管制、独立适用附加刑、免予刑事处罚或者判决无罪的。

3. 继续羁押犯罪嫌疑人、被告人，羁押期限将超过依法可能判处的刑期的。

4. 案件事实基本查清，证据已经收集固定，符合取保候审或者监视居住条件的。

经羁押必要性审查，发现犯罪嫌疑人、被告人具有下列情形之一，且具有悔罪表现，不予羁押不致发生社会危险性的，可以向办案机关提出释放或者变更强制措施的建议：

1. 预备犯或者中止犯；共同犯罪中的从犯或者胁从犯。

2. 主观恶性较小的初犯。

3. 系未成年人或者年满七十五周岁的人。

4. 与被害方依法自愿达成和解协议，且已经履行或者提供担保的。

5. 患有严重疾病、生活不能自理的。

6. 系怀孕或者正在哺乳自己婴儿的妇女。

7. 系生活不能自理的人的唯一扶养人。

8. 可能被判处一年以下有期徒刑或者宣告缓刑的。

9. 其他不需要继续羁押犯罪嫌疑人、被告人的情形。

附录三　最高人民检察院关于印发《检察机关办理侵犯公民个人信息案件指引》的通知

(高检发侦监字〔2018〕13号)

各省、自治区、直辖市人民检察院，新疆生产建设兵团人民检察院：

《检察机关办理侵犯公民个人信息案件指引》已经2018年8月24日最高人民检察院第十三届检察委员会第五次会议通过，现印发你们，供参考。

最高人民检察院
2018年11月9日

检察机关办理侵犯公民个人信息案件指引

目　次

一、审查证据的基本要求

（一）审查逮捕

（二）审查起诉

二、需要特别注意的问题

（一）对"公民个人信息"的审查认定

（二）对"违反国家有关规定"的审查认定

（三）对"非法获取"的审查认定

（四）对"情节严重"和"情节特别严重"的审查认定

（五）对关联犯罪的审查认定

三、社会危险性及羁押必要性审查

（一）审查逮捕

（二）审查起诉

根据《中华人民共和国刑法》第二百五十三条之一的规定，侵犯公民个人信息罪是指违反国家有关规定，向他人出售、提供公民个人信息，或者通过窃取等方法非法获取公民个人信息，情节严重的行为。结合《最高人民法院、最高人民检察院关于办理侵犯公民个人信息刑事案件适用法律若干问题的解释》（法释〔2017〕10号）（以下简称《解释》），办理侵犯公民个人信息案件，应当特别注意以下问题：一是对"公民个人信息"的审查认定；二是对"违反国家有关规定"的审查认定；三是对"非法获取"的审查认定；四是对"情节严重"和"情节特别严重"的审查认定；五是对关联犯罪的审查认定。

一、审查证据的基本要求

（一）审查逮捕

1. 有证据证明发生了侵犯公民个人信息犯罪事实

（1）证明侵犯公民个人信息案件发生

主要证据包括：报案登记、受案登记、立案决定书、破案经过、证人证言、被害人陈述、犯罪嫌疑人供述和辩解以及证人、被害人提供的短信、微信或QQ截图等电子数据。

（2）证明被侵犯对象系公民个人信息

主要证据包括：扣押物品清单、勘验检查笔录、电子数据、司法鉴定意见及公民信息查询结果说明、被害人陈述、被害人提供的原始信息资料和对比资料等。

2. 有证据证明侵犯公民个人信息行为是犯罪嫌疑人实施的

（1）证明违反国家有关规定的证据：犯罪嫌疑人关于所从事的职业的供述、其所在公司的工商注册资料、公司出具的犯罪嫌疑人职责范围说明、劳动合同、保密协议及公司领导、同事关于犯罪嫌疑人职责范围的证言等。

（2）证明出售、提供行为的证据：远程勘验笔录及QQ、微信等即时通讯工具聊天记录、论坛、贴吧、电子邮件、手机短信记录等电子数据，证明犯罪嫌疑人通过上述途径向他人出售、提供、交换公民个人信息的情况。公民个人信息贩卖者、提供者、担保交易人及购买者、收受者的证言或供述，相关银行账户明细、第三方支付平台账户明细，证明出售公民个人信息违法所得情况。此外，如果犯罪嫌疑人系通过信息网络发布方式提供公民个人信息，证明该行为的证据还包括远程勘验笔录、扣押笔录、扣押物品清单、对手机、电脑存储介质、云盘、FTP 等的司法鉴定意见等。

（3）证明犯罪嫌疑人或公民个人信息购买者、收受者控制涉案信息的证据：搜查笔录、扣押笔录、扣押物品清单，对手机、电脑存储介质等的司法鉴定意见等，证实储存有公民个人信息的电脑、手机、U 盘或者移动硬盘、云盘、FTP 等介质与犯罪嫌疑人或公民个人信息购买者、收受者的关系。犯罪嫌疑人供述、辨认笔录及证人证言等，证实犯罪嫌疑人或公民个人信息购买者、收受者所有或实际控制、使用涉案存储介质。

（4）证明涉案公民个人信息真实性的证据：被害人陈述、被害人提供的原始信息资料、公安机关或相关单位出具的涉案公民个人信息与权威数据库内信息同一性的比对说明。针对批量的涉案公民个人信息的真实性问题，根据《解释》精神，可以根据查获的数量直接认定，但有证据证明信息不真实或重复的除外。

（5）证明违反国家规定，通过窃取、购买、收受、交换等方式非法获取公民个人信息的证据：主要证据与上述以出售、提供方式侵犯公民个人信息行为的证据基本相同。针对窃取的方式如通过技术手段非法获取公民个人信息的行为，需证明犯罪嫌疑人实施上述行为，除被害人陈述、犯罪嫌疑人供述和辩解外，还包括侦查机关从被害公司数据库中发现入侵电脑 IP 地址情况、从犯罪嫌疑人电脑中提取的侵入被害公司数据的痕迹等现场勘验检查笔录,以及涉案程序(木马)的司法鉴定意见等。

3. 有证据证明犯罪嫌疑人具有侵犯公民个人信息的主观故意

(1)证明犯罪嫌疑人明知没有获取、提供公民个人信息的法律依据或资格,主要证据包括:犯罪嫌疑人的身份证明、犯罪嫌疑人关于所从事职业的供述、其所在公司的工商资料和营业范围、公司关于犯罪嫌疑人的职责范围说明、公司主要负责人的证人证言等。

(2)证明犯罪嫌疑人积极实施窃取、出售、提供、购买、交换、收受公民个人信息的行为,主要证据除了证人证言、犯罪嫌疑人供述和辩解外,还包括远程勘验笔录、手机短信记录、即时通讯工具聊天记录、电子数据司法鉴定意见、银行账户明细、第三方支付平台账户明细等。

4. 有证据证明"情节严重"或"情节特别严重"

(1)公民个人信息购买者或收受者的证言或供述。

(2)公民个人信息购买、收受公司工作人员利用公民个人信息进行电话或短信推销、商务调查等经营性活动后出具的证言或供述。

(3)公民个人信息购买者或者收受者利用所获信息从事违法犯罪活动后出具的证言或供述。

(4)远程勘验笔录、电子数据司法鉴定意见书、最高人民检察院或公安部指定的机构对电子数据涉及的专门性问题出具的报告、公民个人信息资料等。证明犯罪嫌疑人通过即时通讯工具、电子邮箱、论坛、贴吧、手机等向他人出售、提供、购买、交换、收受公民个人信息的情况。

(5)银行账户明细、第三方支付平台账户明细。

(6) 死亡证明、伤情鉴定意见、医院诊断记录、经济损失鉴定意见、相关案件起诉书、判决书等。

(二) 审查起诉

除审查逮捕阶段证据审查基本要求之外，对侵犯公民个人信息案件的审查起诉工作还应坚持"犯罪事实清楚，证据确实、充分"的标准，保证定罪量刑的事实都有证据证明；据以定案的证据均经法定程序查证属实；综合全案证据，对所认定的事实已排除合理怀疑。

1. 有确实充分的证据证明发生了侵犯公民个人信息犯罪事实。该证据与审查逮捕的证据类型相同。

2. 有确实充分的证据证明侵犯公民个人信息行为是犯罪嫌疑人实施的

(1) 对于证明犯罪行为是犯罪嫌疑人实施的证据审查，需要结合《解释》精神，准确把握对"违反国家有关规定""出售、提供行为""窃取或以其他方法"的认定。

(2) 对证明违反国家有关规定的证据审查，需要明确国家有关规定的具体内容，违反法律、行政法规、部门规章有关公民个人信息保护规定的，应当认定为刑法第二百五十三条之一规定的"违反国家有关规定"。

(3) 对证明出售、提供行为的证据审查，应当明确"出售、提供"包括在履职或提供服务的过程中将合法持有的公民个人信息出售或者提供给他人的行为：向特定人提供、通过信息网络或者其他途径发布公民个人信息、未经被收集者同意，将合法收集的公民个人信息（经过处理无法识别特定个人且不能复原的除外）向他人提供的，均属于刑法第二百五十三条之一规定的"提供公民个人信息"。应当全面审查犯罪嫌疑人所出售提供公民个人信息的来源、途经与去向，对相关供述、物证、书证、证人证言、被害人陈述、电子数据等证据种类进行综合审查，针对使用信息网络进行犯罪活动的，需要结合专业知识，根据证明该行为的远程勘验笔录、扣押笔录、扣押物品清单、电子存储介质、网络存储介质等的司法鉴定意见进行审查。

（4）对证明通过窃取或以其他非法方法获取公民个人信息等方式非法获取公民个人信息的证据审查，应当明确"以其他方法获取公民个人信息"包括购买、收受、交换等方式获取公民个人信息，或者在履行职责、提供服务过程中收集公民个人信息的行为。

针对窃取行为，如通过信息网络窃取公民个人信息，则应当结合犯罪嫌疑人供述、证人证言、被害人陈述，着重审查证明犯罪嫌疑人侵入信息网络、数据库时的 IP 地址、MAC 地址、侵入工具、侵入痕迹等内容的现场勘验检查笔录以及涉案程序（木马）的司法鉴定意见等。

针对购买、收受、交换行为，应当全面审查购买、收受、交换公民个人信息的来源、途经、去向，结合犯罪嫌疑人供述和辩解、辨认笔录、证人证言等证据，对搜查笔录、扣押笔录、扣押物品清单、涉案电子存储介质等司法鉴定意见进行审查，明确上述证据同犯罪嫌疑人或公民个人信息购买、收受、交换者之间的关系。

针对履行职责、提供服务过程中收集公民个人信息的行为，应当审查证明犯罪嫌疑人所从事职业及其所负职责的证据，结合法律、行政法规、部门规章等国家有关公民个人信息保护的规定，明确犯罪嫌疑人的行为属于违反国家有关规定，以其他方法非法获取公民个人信息的行为。

（5）对证明涉案公民个人信息真实性证据的审查，应当着重审查被害人陈述、被害人提供的原始信息资料、公安机关或其他相关单位出具的涉案公民个人信息与权威数据库内信息同一性的对比说明。对批量的涉案公民个人信息的真实性问题，根据《解释》精神，可以根据查获的数量直接认定，但有证据证明信息不真实或重复的除外。

3. 有确实充分的证据证明犯罪嫌疑人具有侵犯公民个人信息的主观故意

（1）对证明犯罪嫌疑人主观故意的证据审查，应当综合审查犯罪嫌疑人的身份证明、犯罪嫌疑人关于所从事职业的供述、其所在公司的工商资料和营业范围、公司关于犯罪嫌疑人的职责范围说明、公司主要负责人的证人证言等，结合国家公民个人信息保护的相关规定，夯实犯罪嫌疑人在实施犯罪时的主观明知。

（2）对证明犯罪嫌疑人积极实施窃取或者以其他方法非法获取公民个人信息行为的证据审查，应当结合犯罪嫌疑人供述、证人证言，着重审查远程勘验笔录、手机短信记录、即时通讯工具聊天记录、电子数据司法鉴定意见、银行账户明细、第三方支付平台账户明细等，明确犯罪嫌疑人在实施犯罪时的积极作为。

4. 有确实充分的证据证明"情节严重"或"情节特别严重"。该证据与审查逮捕的证据类型相同。

二、需要特别注意的问题

在侵犯公民个人信息案件审查逮捕、审查起诉中，要根据相关法律、司法解释等规定，结合在案证据，重点注意以下问题：

(一) 对"公民个人信息"的审查认定

根据《解释》的规定，公民个人信息是指以电子或者其他方式记录的能够单独或者与其他信息结合识别特定自然人身份或者反映特定自然人活动情况的各种信息，包括姓名、身份证件号码、通信通讯联系方式、住址、账号密码、财产状况、行踪轨迹等。经过处理无法识别特定自然人且不能复原的信息，虽然也可能反映自然人活动情况，但与特定自然人无直接关联，不属于公民个人信息的范畴。

对于企业工商登记等信息中所包含的手机、电话号码等信息，应当明确该号码的用途。对由公司购买、使用的手机、电话号码等信息，不属于个人信息的范畴，从而严格区分"手机、电话号码等由公司购买，归公司使用"与"公司经办人在工商登记等活动中登记个人电话、手机号码"两种不同情形。

(二) 对"违反国家有关规定"的审查认定

《中华人民共和国刑法修正案（九）》将原第二百五十三条之一的"违反国家规定"修改为"违反国家有关规定"，后者的范围明显更广。根据刑法第九十六条的规定，"国家规定"仅限于全国人大及其常委会制定的法律和决定，国务院制定的行政法规、规定的行政措施、发布的决定和命令。而"国家有关规定"还包括部门规章，这些规定散见于金融、电信、交通、教育、医疗、统计、邮政等领域的法律、行政法规或部门规章中。

(三) 对"非法获取"的审查认定

在窃取或者以其他方法非法获取公民个人信息的行为中，需要着重把握"其他方法"的范围问题。"其他方法"，是指"窃取"以外，与窃取行为具有同等危害性的方法，其中，购买是最常见的非法获取手段。侵犯公民个人信息犯罪作为电信网络诈骗的上游犯罪，诈骗分子往往先通过网络向他人购买公民个人信息，然后自己直接用于诈骗或转发给其他同伙用于诈骗，诈骗分子购买公民个人信息的行为属于非法获取行为，其同伙接收公民个人信息的行为明显也属于非法获取行为。同时，一些房产中介、物业管理公司、保险公司、担保公司的业务员往往与同行通过QQ、微信群互相交换各自掌握的客户信息，这种交换行为也属于非法获取行为。此外，行为人在履行职责、提供服务过程中，违反国家有关规定，未经他人同意收集公民个人信息，或者收集与提供的服务无关的公民个人信息的，也属于非法获取公民个人信息的行为。

（四）对"情节严重"和"情节特别严重"的审查认定

1. 关于"情节严重"的具体认定标准，根据《解释》第五条第一款的规定，主要涉及五个方面：

（1）信息类型和数量。①行踪轨迹信息、通信内容、征信信息、财产信息，此类信息与公民人身、财产安全直接相关，数量标准为五十条以上，且仅限于上述四类信息，不允许扩大范围。对于财产信息，既包括银行、第三方支付平台、证券期货等金融服务账户的身份认证信息（一组确认用户操作权限的数据，包括账号、口令、密码、数字证书等），也包括存款、房产、车辆等财产状况信息。②住宿信息、通信记录、健康生理信息、交易信息等可能影响公民人身、财产安全的信息，数量标准为五百条以上，此类信息也与人身、财产安全直接相关，但重要程度要弱于行踪轨迹信息、通信内容、征信信息、财产信息。对"其他可能影响人身、财产安全的公民个人信息"的把握，应当确保所适用的公民个人信息涉及人身、财产安全，且与"住宿信息、通信记录、健康生理信息、交易信息"在重要程度上具有相当性。③除上述两类信息以外的其他公民个人信息,数量标准为五千条以上。

(2) 违法所得数额。对于违法所得,可直接以犯罪嫌疑人出售公民个人信息的收入予以认定,不必扣减其购买信息的犯罪成本。同时,在审查认定违法所得数额过程中,应当以查获的银行交易记录、第三方支付平台交易记录、聊天记录、犯罪嫌疑人供述、证人证言综合予以认定,对于犯罪嫌疑人无法说明合法来源的用于专门实施侵犯公民个人信息犯罪的银行账户或第三方支付平台账户内资金收入,可综合全案证据认定为违法所得。

(3) 信息用途。公民个人信息被他人用于违法犯罪活动的,不要求他人的行为必须构成犯罪,只要行为人明知他人非法获取公民个人信息用于违法犯罪活动即可。

(4) 主体身份。如果行为人系将在履行职责或者提供服务过程中获得的公民个人信息出售或者提供给他人的,涉案信息数量、违法所得数额只要达到一般主体的一半,即可认为"情节严重"。

(5) 主观恶性。曾因侵犯公民个人信息受过刑事处罚或者二年内受过行政处罚,又非法获取、出售或者提供公民个人信息的,即可认为"情节严重"。

2. 关于"情节特别严重"的认定标准,根据《解释》,主要分为两类:一是信息数量、违法所得数额标准。二是信息用途引发的严重后果,其中造成人身伤亡、经济损失、恶劣社会影响等后果,需要审查认定侵犯公民个人信息的行为与严重后果间存在因果关系。

对于涉案公民个人信息数量的认定,根据《解释》第十一条，非法获取公民个人信息后又出售或者提供的，公民个人信息的条数不重复计算；向不同单位或者个人分别出售、提供同一公民个人信息的，公民个人信息的条数累计计算；对批量出售、提供公民个人信息的条数，根据查获的数量直接认定，但是有证据证明信息不真实或者重复的除外。在实践中，如犯罪嫌疑人多次获取同一条公民个人信息，一般认定为一条，不重复累计；但获取的该公民个人信息内容发生了变化的除外。

对于涉案公民个人信息的数量、社会危害性等因素的审查，应当结合刑法第二百五十三条和《解释》的规定进行综合审查。涉案公民个人信息数量极少，但造成被害人死亡等严重后果的，应审查犯罪嫌疑人行为与该后果之间的因果关系，符合条件的，可以认定为实施《解释》第五条第一款第十项"其他情节严重的情形"的行为，造成被害人死亡等严重后果，从而认定为"情节特别严重"。如涉案公民个人信息数量较多，但犯罪嫌疑人仅仅获取而未向他人出售或提供，则可以在认定相关犯罪事实的基础上，审查该行为是否符合《解释》第五条第一款第三、四、五、六、九项及第二款第三项的情形，符合条件的，可以分别认定为"情节严重""情节特别严重"。

此外，针对为合法经营活动而购买、收受公民个人信息的行为，在适用《解释》第六条的定罪量刑标准时须满足三个条件：一是为了合法经营活动，对此可以综合全案证据认定，但主要应当由犯罪嫌疑人一方提供相关证据；二是限于普通公民个人信息，即不包括可能影响人身、财产安全的敏感信息；三是信息没有再流出扩散，即行为方式限于购买、收受。如果将购买、收受的公民个人信息非法出售或者提供的，定罪量刑标准应当适用《解释》第五条的规定。

(五) 对关联犯罪的审查认定

对于侵犯公民个人信息犯罪与电信网络诈骗犯罪相交织的案件,应严格按照《最高人民法院、最高人民检察院、公安部关于办理电信网络诈骗等刑事案件适用法律若干问题的意见》(法发〔2016〕32号)的规定进行审查认定,即通过认真审查非法获取、出售、提供公民个人信息的犯罪嫌疑人对电信网络诈骗犯罪的参与程度,结合能够证实其认知能力的学历文化、聊天记录、通话频率、获取固定报酬还是参与电信网络诈骗犯罪分成等证据,分析判断其是否属于诈骗共同犯罪、是否应该数罪并罚。

根据《解释》第八条的规定,设立用于实施出售、提供或者非法获取公民个人信息违法犯罪活动的网站、通讯群组,情节严重的,应当依照刑法第二百八十七条之一的规定,以非法利用信息网络罪定罪;同时构成侵犯公民个人信息罪的,应当认定为侵犯公民个人信息罪。

对于违反国家有关规定,采用技术手段非法侵入合法存储公民个人信息的单位数据库窃取公民个人信息的行为,也符合刑法第二百八十五条第二款非法获取计算机信息系统数据罪的客观特征,同时触犯侵犯公民个人信息罪和非法获取计算机信息系统数据罪的,应择一重罪论处。

此外,针对公安民警在履行职责过程中,违反国家有关规定,查询、提供公民个人信息的情形,应当认定为"违反国家有关规定,将在履行职责或者提供服务过程中以其他方法非法获取或提供公民个人信息"。但同时,应当审查犯罪嫌疑人除该行为之外有无其他行为侵害其他法益,从而对可能存在的其他犯罪予以准确认定。

三、社会危险性及羁押必要性审查

（一）审查逮捕

1. 犯罪动机：一是出售牟利；二是用于经营活动；三是用于违法犯罪活动。犯罪动机表明犯罪嫌疑人主观恶性，也能证明犯罪嫌疑人是否可能实施新的犯罪。

2. 犯罪情节。犯罪嫌疑人的行为直接反映其人身危险性。具有下列情节的侵犯公民个人信息犯罪，能够证实犯罪嫌疑人主观恶性和人身危险性较大，实施新的犯罪的可能性也较大，可以认为具有较大的社会危险性：一是犯罪持续时间较长、多次实施侵犯公民个人信息犯罪的；二是被侵犯的公民个人信息数量或违法所得巨大的；三是利用公民个人信息进行违法犯罪活动的；四是犯罪手段行为本身具有违法性或者破坏性，即犯罪手段恶劣的，如骗取、窃取公民个人信息，采取胁迫、植入木马程序侵入他人计算机系统等方式非法获取信息。

犯罪嫌疑人实施侵犯公民个人信息犯罪，不属于"情节特别严重"，系初犯，全部退赃，并确有悔罪表现的，可以认定社会危险性较小，没有逮捕必要。

（二）审查起诉

在审查起诉阶段，要结合侦查阶段取得的事实证据，进一步引导侦查机关加大捕后侦查力度，及时审查新证据。在羁押期限届满前对全案进行综合审查，对于未达到逮捕证明标准的，撤销原逮捕决定。

经羁押必要性审查，发现犯罪嫌疑人具有下列情形之一的，应当向办案机关提出释放或者变更强制措施的建议：

1. 案件证据发生重大变化，没有证据证明有犯罪事实或者犯罪行为系犯罪嫌疑人、被告人所为的。

2. 案件事实或者情节发生变化，犯罪嫌疑人、被告人可能被判处拘役、管制、独立适用附加刑、免予刑事处罚或者判决无罪的。

3. 继续羁押犯罪嫌疑人、被告人，羁押期限将超过依法可能判处的刑期的。

4. 案件事实基本查清，证据已经收集固定，符合取保候审或者监视居住条件的。

经羁押必要性审查，发现犯罪嫌疑人、被告人具有下列情形之一，且具有悔罪表现，不予羁押不致发生社会危险性的，可以向办案机关提出释放或者变更强制措施的建议：

1. 预备犯或者中止犯；共同犯罪中的从犯或者胁从犯。

2. 主观恶性较小的初犯。

3. 系未成年人或者年满七十五周岁的人。

4. 与被害方依法自愿达成和解协议，且已经履行或者提供担保的。

5. 患有严重疾病、生活不能自理的。

6. 系怀孕或者正在哺乳自己婴儿的妇女。

7. 系生活不能自理的人的唯一扶养人。

8. 可能被判处一年以下有期徒刑或者宣告缓刑的。

9. 其他不需要继续羁押犯罪嫌疑人、被告人的情形。

图书在版编目（CIP）数据

最高人民检察院第十八批指导性案例适用指引：电信网络犯罪／最高人民检察院第一检察厅编著．—北京：中国检察出版社，2020.8
ISBN 978－7－5102－2470－6

Ⅰ．①最… Ⅱ．①最… Ⅲ．①电信－犯罪－案例－中国②互联网络－犯罪－案例－中国 Ⅳ．①D924.335

中国版本图书馆 CIP 数据核字（2020）第 141845 号

最高人民检察院第十八批指导性案例适用指引（电信网络犯罪）

最高人民检察院第一检察厅　编著

出版发行：	中国检察出版社
社　　址：	北京市石景山区香山南路 109 号 （100144）
网　　址：	中国检察出版社（www.zgjccbs.com）
编辑电话：	（010）86423704
发行电话：	（010）86423726　86423727　86423728
	（010）86423730　68650016
经　　销：	新华书店
印　　刷：	北京宝昌彩色印刷有限公司
开　　本：	710 mm×960 mm　16 开
印　　张：	14
字　　数：	161 千字
版　　次：	2020 年 8 月第一版　2020 年 8 月第一次印刷
书　　号：	ISBN 978－7－5102－2470－6
定　　价：	50.00 元

检察版图书，版权所有，侵权必究
如遇图书印装质量问题本社负责调换